内容提要

金融机构是经济和社会非常重要的组成部分。就当今世界的发展来看，作为经济领域的关键角色之一，金融机构在进行投资决策时，除了利润，应该一并考虑社会福祉等因素。本书对此展开讨论。

本书共 5 章，分别介绍了促进变革的金融工具，锚定三角——重新思考治理架构、组织架构和领导力，公平银行业的系统性挑战和机遇，评估影响力——可持续的学习基础架构，从自我系统金融到生态系统金融等内容。

本书有助于探讨金融业的前景，思考调整金融体系的必要性，适合相关专业的读者阅读，尤其适合关注金融对环境和社会福祉影响的读者、金融专业的学生、金融从业者等阅读。

金融融

使命驱动的银行和金融的未来

Just Money

Mission-Driven Banks
and the Future of Finance

[美] 凯特琳·考费尔（Katrin Kaufer）
莉莲·史蒂波娜蒂斯（Lillian Steponaitis）著

中电金信研究院 译

赋能

人民邮电出版社
北京

图书在版编目（ＣＩＰ）数据

金融赋能：使命驱动的银行和金融的未来 /（美）凯特琳·考费尔（Katrin Kaufer），（美）莉莲·史蒂波娜蒂斯（Lillian Steponaitis）著；中电金信研究院译. -- 北京：人民邮电出版社，2024.7
ISBN 978-7-115-63080-3

Ⅰ. ①金… Ⅱ. ①凯… ②莉… ③中… Ⅲ. ①银行业－研究②金融业－研究 Ⅳ. ①F83

中国国家版本馆CIP数据核字(2023)第231812号

版权声明

◆ 著　　　　［美］凯特琳·考费尔（Katrin Kaufer）
　　　　　　莉莲·史蒂波娜蒂斯（Lillian Steponaitis）
　　译　　　　中电金信研究院
　　责任编辑　贾鸿飞
　　责任印制　王　郁　胡　南
◆ 人民邮电出版社出版发行　　北京市丰台区成寿寺路 11 号
　　邮编　100164　　电子邮件　315@ptpress.com.cn
　　网址　https://www.ptpress.com.cn
　　北京建宏印刷有限公司印刷
◆ 开本：880×1230　1/32
　　印张：5.5　　　　　　　　　2024 年 7 月第 1 版
　　字数：78 千字　　　　　　　2025 年 6 月北京第 4 次印刷
　　著作权合同登记号　图字：01-2021-7389 号

定价：59.90 元
读者服务热线：(010)81055410　印装质量热线：(010)81055316
反盗版热线：(010)81055315

前言

银行等金融机构深刻影响我们的未来。当前，从气候危机到严重的社会分化，再到一些病毒全球流行所产生的社会和经济影响，可以让我们感受到形势紧迫，社会和经济层面亟须有创新的、更具针对性的解决方案。作为经济运转中介机构，银行等金融机构地位独特，能够成功识别和支持那些迫切的创新，而且还能提供让经济运转的金融产品和货币流通的渠道。因此，作为经济领域的关键角色之一，银行等金融机构在考虑投资决策影响时，也应该兼顾社会福祉、环境保护等因素，本书对此进行了介绍。

本书将邀请读者踏上一段旅程，前往世界各地了解一些金融机构，它们成功地应对紧迫挑战，它们是金融体系中开疆拓土的创新者，为实现使命而开展投资业务。虽然这个理念并不新鲜——世界各地的信用合作社、具有影响力的投资基金和小额信贷机构中，不少是众所周知的具有"影响力意识"的范例——但这个理念迅速流行却很新鲜。几乎每家大型金融机构都为客户提供影响力投资选择。例如，美国大型公司的 181 位首席执行官共同签署了一份声明，称企业应该惠及所有利益相关者，包括客户、员工、供应商、社区和股东，这个理念与以往的企业宗旨相悖；全世界三千多家企业被认证为共益企业，其都致力于实现企业社会责任和利润之间的平衡；资产管理机构贝莱德（BlackRock）讲求社会责任，还宣称将在投资决策时考虑影响气候变化的因素。

虽然金融界和商界关于社会影响力的意识日益增强，越来越多的企业声称开展业务时要兼顾社会责任，但做到和说到相去甚远。2008 年以来，我们与一些银行等金融机构进行了合作，将金融当作积极变革的工具。我们通过本书分享我们的研究成果，以及对这一领域各个方面的探索和发现：这些银行如何运作，它们有哪些做法和工具，面临哪些系统性挑战，以及它们如何实现社会责任和利润之间的平衡。本书中所讨论的金融机构是金融体系中的小众企业，但作为创新者，它们正在尝试创造可以让行业利益相关者受益的理念和产品。

　　正如本书所述，抗击病毒的斗争，揭示了现有体系的脆弱性和相互依赖性，同时也表明，全球社会福祉在很大程度上取决于集体行动的能力。应对这些挑战不仅需要政府的干预，还需要转变经济和金融业的组织方式。如果金融业不能制定有效的金融解决方案以应对这些挑战，那么社会所面临的颠覆性问题将无法被解决。本书中的案例表明，肩负使命的金融机构仅在营利目标中增加社会影响力指标不足以解决问题。如果气候变化威胁到人类的生存，仅仅在报告中披露一些碳减排成果是远远不够的；确保让人类生存的有效创新能得到资金支持是至关重要的。我们看到这些金融机构已经开始做出创新，它们将能否应对挑战作为衡量是否成功的标准。这样做需要一套新的经济逻辑，我们将这套逻辑称为生态系统思维，因为这样做要求企业以其运行的整体系统（这里的整体系统可以指社区、地区，也可以指社会或整个地球）为背景制定决策，并考虑决策产生的影响。

　　生态系统思维需要新的工具和业务实践，组织可以通过新的工具和业务实践找到系统变革的手段。生态系统思维对金融机构的影响广泛，涉及组织和运行方式、所有权模式以及客户关系等。透明度和问责机制成为生态系统思维的核心内容，而且领导方式发生了变化，与客户沟通的内容也发生了转变。

第1章首先简单介绍了世界各地一些有代表性的金融机构，包括一家位于欧洲的正在重新思考银行业透明度的银行、一家提供发薪日贷款替代方案的加拿大信用合作社，以及一家为无法通过传统银行系统获得贷款的小企业客户提供融资的孟加拉国银行。这一章还介绍了"公平银行业"的概念和原则。

第2章探讨了利润和使命是相容还是矛盾的问题。为什么那么多社会影响力驱动型银行最终背离了发挥积极社会影响力的初衷？这一章讨论了企业坚持非财务社会影响力目标的代价，还介绍了公平银行的三个锚点：治理架构、组织架构和领导力。

第3章探讨了公平银行业模式是否可以大规模推广，指出了应用此模式的企业面临的系统性挑战。这一章还追溯了金融界的社会影响力创新史，旨在厘清那些经验、教训和核心概念，而今天对

"使命"的看法则由此而来。

第 4 章讨论了衡量影响力的工具，解释了学习基础架构对有效评估影响力的重要性。这一章还讨论了系统视角，纳入系统视角是衡量影响力的关键。

第 5 章介绍了生态系统金融的概念，以及如何从社会影响力角度重新思考经济。在这一章的最后，我们探讨了基于生态系统创建金融体系的方法。

本书原版书名中的"just money"是我们开发的一门网络公开课的名称，我们通过麻省理工学院网络公开课平台（edX）进行授课。课程名称中的"just"一词既有"公平"（fair）的意思，也有"只不过"（only）的意思。这两层含义反映了我们希望看到的货币和银行业特征。第一层含义是指货币手段的应用方法，以及部分银行系统的构建方法，以提供对整个社会的服务：社会需要一个公平的系统。第二层含义说明货币只不过是货币——仅此而已。经济和金融只不过是服务人类的工具。

本书适合相关专业读者阅读，尤其适合关注金融对社会和环境的影响的读者、金融专业的学生、金融从业者阅读。本书有助于探讨金融业的前景，以及思考调整金融体系的必要性，以应对我们面临的挑战。如果对当前的金融体系缺乏新的愿景，或者未能遵循和推行实现新愿景的核心原则和做法，那么我们将无法解决所面临的问题。

希望本书让您开卷有益！

译者序

凯特琳·考费尔和莉莲·史蒂波娜蒂斯合著的《金融赋能：使命驱动的银行和金融的未来》篇幅不长，但内容生动有趣，具有现实意义，是一本金融实践研究者的用心之作。书中提及的"公平银行业务"（Just Banking）这个词很多人可能会觉得陌生，但参考国内金融行业已经开始涉足的"公正转型"概念就能够比较容易地去理解这个词。

中国人民银行研究局副局长张蓓在 2023 年 9 月举行的第二届可持续投融资与自贸港建设论坛上表示，公正转型的本质是将绿色低碳发展的环境目标与公平正义的社会法律相结合，核心是利益相关各方要公平分担转型成本和收益，目标是社会、经济和生态机会最大化。目前，国内银行业正在根据相关思想、政策和法规，参考《G20 转型金融框架》等指南，设计各类公正转型金融工具来支撑公正转型目标的实现。

公平银行业务把金融服务作为应对社会及环境挑战的工具——银行机构采用社会责任型的业务模式，将银行的经营目标与通过金融工具对社会和生态产生积极影响结合起来，成为"使命驱动的银行"。使命驱动的银行致力于影响的领域包括绿色可持续发展、为特定地区和人口提供金融服务以提高其生活质量、为小微企业提供贷款促进就业、推动落实动物保护政策法规等，以帮助应对全球气候变化、公共卫生挑战等人类共同面临的挑战。

比照上述描述，我们可以看到，我国银行业一直在提供各类公平银行业务。如以前的扶贫贷款、教育贷款，又如近年强调的服务实体经济、服务经济社会高质量发展的、国内银行界非常重视的普惠金融、小微金融、三农金融、绿色金融和养老金融，再如与社会、民生紧密结合的供应链金融、社会保险、社区服务、商户服务、政务服务以及其他场景数字化服务等。在为国内银行提供数字化转型解决方案的过程中，我们一方面能够感受到我国银行业关于服务发展、服务民生、金融向善的深厚情怀和使命担当，另一方面能够体会到在开展这些公平银行业务的过程中，银行在经营理念、组织管理、风险控制、市场竞争、业务可持续、人才培养以及数字化等方面所面临的诸多挑战。

虽然有制度和政策的差异，但是他山之石，可以攻玉。中电金信研究院组织翻译这本书，希望能为我国的银行从业者在具体实践中提供一份参考。本书正面分析了公平银行业务所面临的系统性挑战，对欧洲、北美洲、南美洲和亚洲等地的公平银行业务案例，从治理结构、企业文化、业务创新过程甚至是人才招募与培训等多个角度进行解析，并搭建了一些可参考的方法框架。从方法论角度，本书系统地提出了影响力的概念以及形成影响力的可持续提升框架，并结合金融机构与社会的关系分析，展示了构建使命驱动型银行、应对系统复杂性所需要的系统视角和生态系统观念，这一点对金融行业如何更有效地支持实体经济、支持高质量可持续发展有现实的参考意义。

本书案例的挑选在地区、业务场景等方面很讲究，以便集中、简洁地陈述各类业务和影响力的概念，并补充了社会学、管理学的视角。本书研究的内容有较长的时间跨度，在追溯发展历程的同时还对通过数字化推动社会和金融发展方面有与时俱进的研究，并且不人云亦云，实属难得，这得益于作者深入扎实的实践研究以及具有批判性的思考。

金融是国民经济的血脉，是国家核心竞争力的重要组成部分。当前，很多关于金融创新的热点研究体现在金融行业数字化转型和以 AI 技术应用为主的金融科技创新上。本书作者提出，当今社会所面临的挑战引发了许多关于金融在未来的作用、金融与社会之间关系的问题并直言经济体系的下一次迭代需要以所有人的福祉来衡量其是否成功。这些话值得我们思考，以更好地服务于我国的发展。希望您通过阅读本书体会到开卷有益的快乐，更希望我国的银行业、研究机构和学术界能就此领域结合我国的实践发表更多更好的研究成果。

中电金信研究院　况文川

2023 年 11 月 3 日于杭州

目录

Tool, Change

第 1 章　促进变革的金融工具

2020 年，当我们走在马德里的大街上找地方吃午饭，在手机上打开一款 App，就可以找到两个街区之外的一家有机餐厅。这款 App 由一家总部位于荷兰的银行设计，该银行的业务遍及西欧，并为社会型企业、绿色企业及项目提供资金。通过这款 App，我们可以查到该银行在本地区的商业客户。该银行开发这款 App 是因为其业务模式基于透明度这一概念。而客户选择这家银行，是因为他们想知道自己存款的具体流向。由于这家银行设定了关于社会和生态方面的标准，通过这款 App，客户可以识别自己周围的社会型企业、绿色企业及项目。

借助这款 App，以及在官网上公布所有客户的策略，这家银行拉开了隔在储户和贷款客户之间的帷幕——储户可以知道自己资金的流向，并且基于这种信息，能够对资金的社会影响负责。这种透明度也促进了银行客户之间建立联系，从而扩大社会型企业和绿色企业生态的规模。

我们再看看来自北美洲的金融服务机构创建的一款在线工具。位于加拿大西海岸不列颠哥伦比亚省温哥华市的 Vancity 信用合作社，创建了 Fair & Fast 在线贷款应用（公平速贷），提供一种非掠夺性信贷方案，可以替代发薪日贷款。

在美国和加拿大，仅靠薪水维持生活的家庭越来越多地选择发薪日贷款。根据借款人的工资单和就业记录，这种无抵押贷款提供现金预支服务。发薪日贷款很容易获得，贷款期限通常为数月。但这类贷款通常具有掠夺性[①]，是专门为无法弥补短期现金流缺口的客户提供的方案。由于客户急需资金，因此在某些情况下，贷方可能会收取年利率高达 600% 的利息。若客户无法按时偿还贷款，则会很快陷入债务循环，不得不通过新增贷款来偿还迅速增长的利息。

Vancity 信用合作社发现其部分成员被困在这种债务循环之中，于是设计了 Fair & Fast 在线贷款应用，为成员提供定价合理的替代贷款方案，并帮助他们建立信用记录。通过该应用，合作社成员最高可获得 2500 加元的贷款，最长贷款期限为两年。由于年利率较

[①] 掠夺性放贷被笼统地描述为"通常以不了解信贷市场、信用记录较少的弱势群体为对象并导致他们遭受严重的个人损失，包括破产、陷入贫困和住房的赎回权被取消等的一系列放贷行为"。

低（在 2020 年 1 月 1 日仅为 19%），且还款条件灵活，合同条款简洁明了、不含隐性费用，因此人们认为这类贷款合理公道。由于这类贷款的评估并非基于借款人的信用评分，因而借贷门槛较低。同时，与发薪日贷款机构不同，Vancity 信用合作社还向征信机构报备，这意味着，Fair & Fast 在线贷款应用可帮助合作社成员提升其信用评级或建立信用记录。

现在，我们南下前往萨尔瓦多共和国，直抵 SAC Apoyo Integral 银行（以下简称"Integral 银行"），这是一家主要在该国运营的小额信贷机构。由于种种原因，部分个人和小型企业无法或仅能有限地获取主流银行服务，而小额信贷机构则致力于向这类群体提供一系列金融服务，如提供贷款、提供储蓄工具及创建保险池等。这种小额信贷旨在帮助客户实现自给自足。Integral 银行由非营利机构萨尔瓦多全面帮扶基金会（Fundación Salvadoreña de Apoyo Integral，FUSAI）设立，目前已成为中美洲地区成长最快的小额信贷机构之一。鉴于萨尔瓦多的社会经济条件，这一创举着实令人钦佩。萨尔瓦多劳动力持续大量流向美国，他们汇回国内的款项约占萨尔瓦多国内生产总值的 17%。在这样的条件下，Integral 银行提供专门的服务，重点帮助国内那些亟待改善财务状况并获取支持的群体。与许多营利性小额信贷机构不同，Integral 银行致力于提高客户及其所在地区的整体生活质量。除金融服务外，Integral 银行还提供技术援助，支持房屋修缮、小额医疗贷款、人寿保险、免费金融服务和环境教育等项目。Integral 银行与客户建立长期关系，并将客户生活质量的提高作为衡量社会影响力的标准。从长远来看，改善应该是可持续的，并且在财务、教育、健康状况和生活条件等方面应当取得可量化的成果。

我们此行的最后一站是南亚。由法兹勒·哈桑·阿贝德（Fazle Hasan Abed）爵士创办的孟加拉国乡村发展委员会（Bangladesh Rural Advancement Committee，BRAC），是全球最大的非政府组织之一，致力于应对孟加拉国及其他几个国家所面临的迫切需要解决的人道主义难题。我们走访了这个委员会下辖的银行（下文统称 BRAC 银行）。作为一家小额信贷机构，BRAC 银行的业务还包括经营多所学校、医疗中心和救助站。若经营得当，小额信贷业务能为穷困家庭获得收入提供基本保障，然而，企业发展需要比小额信贷更有力的金融工具。人们将规模稍大一些的贷款称为"消失的中间地带"，因为中等额度贷款的供应存在着系统性金融缺口。贷款难不仅是孟加拉国中小企业面临的问题，澳大利亚、德国、美国等国家的中小企业也面临同样的问题。其主要原因是，银行很难对这种规模的贷款进行标准化处理。对银行而言，与提供一笔100万美元贷款的服务成本相比，提供100笔单笔金额为1万美元的贷款的服务成本更高。然而，中小企业能合理取得贷款对增加就业机会及促进业务创新都非常重要，因而与整个社会的利益息息相关。

在孟加拉国，阿贝德爵士及其团队成立BRAC银行，其部分初衷也是为了解决这种系统性金融缺口难题。BRAC银行目前已成为孟加拉国最大的无抵押信贷机构。免除抵押担保后，BRAC银行能够为不具备信用记录的新创业者和小型企业提供贷款——小型企业主要依赖现金交易，通常不具备信用记录。BRAC银行填补了系统性金融缺口，解决了金融业内的一个结构性难题。

1.1　公平银行业 : 从自我系统到生态系统

上文所述的金融机构就是我们提到的"公平银行业"的范例，它们将金融作为应对社会及环境挑战的工具。这些金融机构将企业社会责任与实践转化为金融行为。社会责任型业务模式将商业盈利目标与对社会 / 生态产生积极影响相结合。除营利目标外，这些企业还致力于创造超出其组织范围的积极影响，并将其作为企业的目标之一。通过添加社会 / 生态影响力目标，扩大商业目标，企业利用自身的创新和潜力积极应对社会挑战。在世界各地及所有行业 / 领域几乎均存在社会责任型企业的实践范例，例如，设计生态保护型服装生产线，生产环保型清洁产品，面向边缘群体进行员工招聘。一部分社会责任型企业在经营实践中承担社会责任，而另一部分社会责任型企业则创建了社会影响力驱动型的整套业务模式。

这种企业经营方式有多种不同的名称，如使命驱动型商业、社会化商业、三重底线（社会、环境、利润）等，但具有共同的特征：

有意识地从关注利润这个单一变量转为同时关注利润以及业务经营对社会及生态系统的影响。我们将这种有意识的转变称为从自我系统到生态系统的转变。生态系统意识是企业或其经营者对制定有利于社会及生态福祉的决策与目标的反映。企业的生态系统包含所有重要的合作伙伴，其需以不同的方式进行关联与协作，从而改变系统的运行方式。生态系统涵盖的范围可以是企业的运营场所，也可以是行业或整个社会。生态系统意识要求参与者在决策过程中考虑其自身对生态系统的影响。Integral 银行在它服务的社区中实施了一系列干预措施，从小额贷款到保险服务，再到金融教育和技术培训，该银行关注自身的经营对整个社区的影响，而不仅仅是对单个客户的影响。

我们对世界各地金融机构的考察结果表明，金融机构要站在生态系统的角度创造积极影响，需要对标准金融实践进行结构性创新与变革。这些创新与变革包括提高业务透明度、围绕客户进行创新、实施新的业务流程等。这种转变也将影响金融机构的企业文化建设与领导方式。尽管相关的银行及业务已经存在了多年，但越来越多的金融机构正计划开展相关实践并对方式进行创新。

将积极的社会影响置于与利润并重的位置，甚至置于利润之上，这样的做法颠覆了公众对银行业形象的认知。为何会存在这类金融机构？它们仅仅是既有规则的例外，还是作为创新的产物影响我们对未来银行业的看法呢？

1.2　金融机构决定着我们的未来

为应对当代面临的气候变化、健康等问题带来的严峻挑战，我们需要采取一系列系统性干预措施。我们提议将金融问题纳入讨论范畴。在许多方面，金融机构决定着我们的未来。Vancity 信用合作社首席执行官塔玛拉·弗鲁曼（Tamara Vrooman）对金融机构的关联性影响进行了以下总结。

　　对于我们正在创建的未来社会，资本分配是最强有力的决定因素之一。谁获得了贷款、谁没有，谁得到了股权、谁没有，这些因素切实决定着现在正在创造的未来。我们需要思考如何在当前的气候危机背景下进行资本分配，且需要立即采取行动。即便无法通过紧急财政救助及利率调整解决当务之急，但我们能通过可持续金融有效应对。当前，金融机构已跻身全球最大的组织之列，对经济和政治有着巨大的影响力。我们应发展新的伙伴关系，反思旧的商业模式，重新定义经济基础中的部分假设，从而重塑金融机构的影响力。

每家企业都在影响社会福祉，例如通过提供商品与服务带来正面影响，或者以污染环境带来负面影响。但作为"中间人"，金融机构在经济体系结构中扮演着独特角色，因而可以放大其决策所带来的影响。

银行为金融交易提供了便利，这是经济活动中每个参与者都仰赖的服务。与其他商业机构不同的是，金融机构的身份是"中间人"，交易的对象是金钱。能享受金融服务，意味着持有进入经济领域的门卡，而银行等金融机构是"守门人"。如果银行业垮了，现有经济体系就会崩溃。正如塔玛拉·弗鲁曼所述，这便是金融机构得到政府及纳税人援助的原因所在。

　　银行业务和银行使命的绑定并不是近年来才出现的创新之举。信用合作社是由其服务的成员共同拥有的一种合作金融机构，于19世纪在德国和英国开始运营。信用合作社的成员通常来自低收入群体或边缘化群体，而信用合作社成立的初衷正是为了方便他们进行储蓄并获得不超过承受范围的贷款。这一概念在欧洲传播开来，并于20世纪初传至美国。将社会影响与商业营利并重的社会责任型企业也并非新生事物。在过去的三十年间，这些企业在全世界多个地区受到青睐。在金融领域，我们看到社会责任投资和社会影响力投资越来越受欢迎。

　　2007—2009年的全球金融危机之后，关于银行的作用及责任这一话题，美国公众争论的焦点发生了变化。利用纳税人的钱，各银行得以脱困，因此银行对社会其他各方的责任相应凸显出来。20世纪80年代和90年代对金融业放松管制是热门话题，美国于1999年废除了《格拉斯-斯蒂格尔法案》（该法案于1933年正式颁布生效）。该法案的核心内容是将商业银行与投资银行的业务进行分离，旨在保护银行业免受风险较高的投资银行业务的影响。该法案的重要部分是成立美国联邦存款保险公司（FDIC），为美国的储户提供存款保险。为了保护消费者并强化银行所肩负的特殊责任，金融机构是否应受到监管以及如何进行监管的话题引起争议。随着争议的持续，银行和政策制定者已经开始逐渐改变言辞和做法。例如，欧盟委员会于 2018 年发布了一项可持续金融行动计划，其中包括一项支持可持续投资的监管提案。

1.3　金融和货币——经济的通行证

能获得金融服务意味着拿到了进入经济体系的通行证，如果没有机会获得准入资格，消费者和企业就无法充分参与经济体系的运转。世界范围内，难以获得银行服务甚至没有银行服务的地区和个人并不少见。美国联邦存款保险公司（FDIC）于 2017 年进行的一项调查发现，25% 的美国人没有获得银行服务或难以获得银行服务，这意味着他们无法获得或只能有限地获得金融服务。
而在世界范围内，大约有 30% 的成年人没有获得银行服务或难以
获得银行服务。

这些人获得银行服务的机会有限，或没有机会获得银行服务，
其中存在很多原因。例如，在人口稀少的农村地区，经营和维持银
行营业网点的成本可能太高，以至于银行无利可图。

银行关于资金来源、投资地点和服务对象的决策会产生连锁反
应，影响远远超出经济领域。德国 GLS（Gemeinschaft für Leihen und
Schenken，贷款和捐赠社区）银行的首席执行官托马斯·卓博格
（Thomas Jorberg）在回顾自己早期作为银行家的经历时总结如下。

> 我开始接受银行家培训时，学到的第一件事来自我的
> 一位导师。我永远不会忘记的是，他曾经说，"贷款可以
> 摧毁生命也可以拯救生命"。我意识到，银行服务中人类
> 要对金钱的使用和投资内容承担责任。

银行在决策过程中使用什么标准不仅对银行，而且对整个社会
都很重要。

1.4　公平银行业：解决社会问题的金融工具

我们所提及的"影响"可以有多种形式——消除贫困、减少碳排放、增加经济适用房存量、发展当地可持续的食品生产和加工体系以及为难以获得银行服务的地区提供银行服务等。本书所述的公平银行业原则是保证业务日益增长不可分割的一部分，该原则将金融盈利能力与社会影响或环境影响相结合，或者两种影响兼而有之。

以下是德国 GLS 银行首席执行官卓博格（Jorberg）的观点。

20 世纪 60 年代末[①]，德国 GLS 银行已形成自己的一套理念，即资金的使用必须能够在促进社会、生态和文化方面产生积极影响力。该理念的本质是有意识地利用资金，对社会和生态环境产生积极影响。今天，很多人都希望把金钱投向教育项目、再生能源或有机农场等。人们可以把自身的意图、理想、想法与投资方式结合起来，进而塑造社会。

---

① 资料表明，德国 GLS 银行成立于 1974 年，这里应该是"20 世纪 70 年代末"。

这种金融模式符合对"公平银行业"的定义——以肩负社会责任的方式利用资金，支持实体经济，从而对金融机构所服务的生态系统产生积极影响。

1.5　公平银行业有何与众不同之处

所有银行在制定投资决策时都会评估非金融领域的风险，但公平银行业将影响力分析作为核心。欧洲一家银行的首席执行官彼得·布洛姆（Peter Blom）说："我们的首要任务是创造影响力。"

这家银行将影响力描述如下。

拥有变革和引导资金使用的能力，以长期造福于人类和环境。

衡量影响力的做法反映了我们聚焦于将要履行的使命，要首先找到影响力的定性证据，并在需要的时候用数据提供支持。

金融机构在将影响力纳入金融决策因素时有不同的选择：可以

是被动的，也可以是主动的，或者两者兼而有之。

1. 被动投资

为保护投资免受社会风险和生态风险的影响，应对不断变化的公众舆论或法规，银行制定了相应的政策和体系。气候变化风险可能会使得银行退出那些导致气候变化的投资，例如退出煤矿开采。然而，银行必须考虑撤资是否会损害自身品牌形象，或者新的法规是否会让自己必须重新审视决策。

社会责任投资运动的先驱埃米·多米尼（Amy Domini）描述了她如何开始将影响力纳入投资决策。

> 1975 年，我开始在马萨诸塞州的剑桥市担任零售股票经纪人，那种职位现在已不存在了……每天早上 9 点，我们都要听一个财经电台，它常常会说："收购这家公司现在是个很好的项目，原因是……"如果你相信这个理由，就会给你的客户打电话说："收购这家公司现在是个很好的项目，原因是……"

　　我偶尔会因为意想不到的原因被客户反驳。他们会对我说："这家公司制造武器，难道不是吗？我对成为武器制造商根本不感兴趣。"或者他们会说："它不是一家造纸公司吗？你知道我是当地奥杜邦学会①的负责人，在空闲时间我都在抗议造纸公司和在森林中喷洒二噁英。"我开始意识到，要找到愿意接我电话的客户已经太难了，我不想说出让他们反感的意见。于是，我开始采取新的策略——了解对方。当初次见到新客户时，我就问他们是否有什么领域是不愿意投资的。这个方法的效果非常明显。

　　当提出此类问题时，几乎所有人都说："是的，我的投资不应该伤及孩子。"事实上，每个人都会与某些方面划清界限。这让我觉得自己真的需要了解投资的方方面面。我们经常会听到公告说某类公司有很大的上升空间，但要想知道客户是否同意此类观点就比较困难。人们更青

---

① 奥杜邦学会：美国的一个非营利性民间环保组织，这一组织以美国著名画家、博物学家奥杜邦来命名，专注于自然保育。

睐我后来所称的"道德投资"，因为他们不希望出现与自身理念产生冲突的事，而是希望投资步调与自身理念保持一致。

在 20 世纪发起并逐渐流行的社会责任投资运动，也被称为影响力投资运动，一直延续至今。这项运动首先排除与投资者目标不一致的投资项目，一些银行将这种排除投资项目的被动性措施描述为"最低标准"。例如，有的银行排除了对赌博、武器等的投资，还排除了侵犯劳工权益、涉及腐败等与商业活动相关的项目，并在其网站上公布关于可再生能源等特定主题的意见书。这些意见书总结了该银行关于这些主题的看法，并告知内部利益相关者（如贷款经理）和外部客户银行在更广泛主题上的立场。

但是，仅靠被动排除不一定能对社会及生态环境的方方面面都产生积极影响，银行也要采取积极主动的措施。

2. 主动投资

主动投资旨在主动创造影响力。一些金融机构成立的初衷就是为了积极影响社区或特定群体。一家银行分行的主管马泰斯·比尔曼（Matthijs Bierman）说："我们的竞争对手采取了与我们不同的银行服务模式。他们能够最大限度地避免投资错误，但他们的标准大多具有排他性。而我们的标准则要积极得多，我们会刻意寻找那些能带来积极变革的投资项目。"

这种主动投资所面临的主要挑战是投资者需要理解投资决策的影响力，我们将在第 4 章深入探讨这个问题。

1.6　公平银行的原则

通过与公平银行和社会企业家的合作，我们了解到，将盈利能力与企业使命相结合，需要一套与主流银行业所使用的不同的工具、方法并付诸实践。将量化目标纳入日常运营，改变了企业的组织方式和评估成功的方式。公平银行服务首先需要弄清投资将对社会产生什么影响。华盛顿州西雅图的 Verity 信用合作社是一家中等规模的信用合作社，其首席贷款官蒂娜·纳伦（Tina Narron）与我们分享了一件逸事。

上个月，由于与影响力相关的原因，我们首次拒绝了一项财务状况良好的客户的贷款申请。这是件新鲜事。我们告诉客户："你很容易就能找到一家银行来资助这个项目，因为从财务角度来看，这是一个可靠的项目。但是这个项目要让租户搬迁，因此我们无法向你提供贷款。"客户接受了这一观点。这是一段奇特的经历，但我们在结果上达成了一致。

这项决策阐述了公平银行业的核心理念：贷款的影响力是决策时考虑的核心，贷款人决策要透明，并深入挖掘贷款的潜在影响。

公平银行开发了不同的流程来应对评估期间面临的挑战。解决方案涉及应用排除、标准纳入以及贷款申请评估创新。意大利Popolare Etica 银行就是一个范例。这家银行是一家合作制银行，该银行的股东也是其所有者，银行培训其部分股东参与评估商业贷款的潜在影响力。如果没有经过股东的审查和批准，贷款将不能获批。

通过与公平银行十几年的合作，我们总结了其开展业务的核心原则。

1. 原则一：公平银行使用金融工具解决社会问题

原则一是意向性的。曾长期在银行担任首席财务官的皮埃尔·艾比（Pierre Aeby）这样描述他的理念："中立是一种缺乏责任感的表现。"公平银行不对银行业务采取中立的态度，而是通过提问来表明立场：这项投资对社会是否有益？搞清楚一项贷款的影响力可能并不总是那么容易，但提出这个问题是公平银行的出发点。

当今社会面临全球范围的挑战，如气候变化、病毒威胁、发展不平等等。应对这些挑战，监管措施虽然是有效的，但也是被动的。也就是说，一旦挑战得到足够的关注，问题就会相应得到解决。例如，非政府组织等利益相关者的关注可以推动二氧化碳排放目标的制订和实现。此外，新法规的实施也需要时间。社会企业家精神将采取更加积极主动的方式，引导创新和培养动态能力来应对社会挑战作为目的。欧洲的 Fairphone 公司致力于开发一种具备环保属性的手机，它所采购材料的源头工厂首先要保障能履行社会责任，包括保障矿工的工作条件；其次该手机被设计成可拆卸和可维修的，以便循环利用。Patagonia 和 Eileen Fisher 致力于生产对社会和生态负责任的服装等产品，并尝试可循环的经济流程，如开发能避免浪费、可重复使用的材料，以及尽量减少使用稀缺资源。此外，Eileen Fisher 还回收顾客轻度磨损的衣服并进行二次售卖；Patagonia 也鼓励顾客维修产品，并提供维修服务。

公平银行意识到金融机构凭此原则可在社会中发挥独特作用，并利用这一作用来产生积极的社会影响力。

2. 原则二：公平银行将社会责任视为商业模式的核心

大多数银行会设置企业社会责任部门或采取公益 / 绿色投资组合，这些是其主要业务的附加部分。公平银行的不同之处在于把社会责任视为商业模式的核心。彼得·布洛姆说："客户找我们是想确保自己的钱对世界有所贡献。失去他们的信任是我们商业模式存在的最大风险。"

这种商业模式要求决策者跳出组织的限制，在做投资决策时不仅要评估财务情况还要分析投资影响力，既要评估量化的营利目标也要定性评估影响力。平衡营利目标和影响力涉及组织的方方面面：领导层、薪酬政策、客户关系、风险分析和沟通策略。在与公平银行家的合作中，我们经常听到他们说需要传统的金融工具重塑银行业影响力。

在以影响力为导向的商业模式中，任何商业决策的定性影响力分析都被整合到日常实践中。每家银行或金融机构在决策中虽然都包含定性标准，但大多是从风险分析的角度出发的，而公平银行进行的这种定性分析，则用于确定投资是否改善社会和生态福祉及如何改善。这需要银行有意识地将现有思维转变为生态系统思维。

知易行难，我们将在后面的章节中深入探讨不同形式的影响力分析。简单来说，在过去十几年中，使命驱动型银行基于双重或三重底线运营，引入了金融创新，从而在市场上脱颖而出，例如前面提到的创建了公平速贷的 Vancity 信用合作社，同时这些银行还需要在领导力、流程和组织架构方面进行创新，从而实现新的运营。

3. 原则三：公平银行业务要厘清投资内容、投资方式和投资原因

没有哪家银行百分百是公平银行。即使是最环保和最有社会责任感的银行也会被要求将部分现金储备存放在中央银行。判断公平银行的标准不是看其现状，而是看其是否采取行动。利用金融工具推动社会进步的银行就是公平银行。

识别金融业中公平银行的简单方法是问三个问题：投资什么、如何投资以及为什么投资。

（1）投资什么

这是关于影响力的问题。银行通过业务想创造什么成果？在马德里寻找有机餐厅时用的 App 的开发机构让投资内容变得非常透明：客户可以清楚地知道他们的钱用于什么项目。

（2）如何投资

银行是如何运作的？银行是否支付生活费？银行如何对待其客户？银行是否具有包容性？"如何投资"这个问题深入银行的运营体系和架构。

（3）为什么投资

银行为什么投资？要回答这个问题，关键在于查看银行的股权结构。谁持有资本？投资目的是什么？股权所有者是寻求快速回报还是与银行的长期发展目标一致？

因为公平银行需要满足的条件之一就是采用金融工具推动社会进步，所以这些问题不仅适用于银行，也适用于进行投资的公司或个人。下面将这三个问题应用到一个示例中。我关注气候变化，希望钱能投资于可再生能源，于是发现了一个投资风力发电站的机会。这就是"投资什么"，投资成果是生产可再生能源。接下来我会询问"如何投资"。风力发电站位于哪里？它的运营将会给当地居民生活和周边环境带来哪些影响？风力发电站将如何管理？投资是否会用于支付工人的薪酬？如果不是，我可以接受什么样的条件？

我是否仍然认为这是一项对社会负责的投资？此外，风力发电站附近的居民会从建设中受益吗？最后，我会问"为什么投资"。为什么要建造这个风力发电站？谁将获得利润？谁将拥有它？所有者的意图是什么？是不惜一切代价实现利润最大化还是平衡利润和社会责任？

在使命驱动型银行工作的一位同事曾经说："我以往的工作总是以利润最大化为目标。现在我的工作要复杂得多。我必须审查投资过程中的每一个步骤，理解这些步骤的作用，并推动实现预期目标。"

4. 原则四：公平银行需要平衡关注投资背景与标准化银行业务

银行业务标准化程度越高，其成本就越低，因此，如果其他所有因素保持不变，其利润就越高。这一原则也适用于其他企业，但尤其适用于银行。为什么呢？因为业务的标准化程度越高，银行对投资背景的关注就越少，运营成本就越低。

标准化提高了一个组织的效率。但是，标准化使银行无法了解和满足来自客户和地区的差异化需求。从标准化银行业务与关注投资背景这两个目标中寻求平衡是公平银行业务的要求。

平衡关注投资背景与标准化银行业务所面临的挑战已经老生常谈了。《社区再投资法》（Community Reinvestment Act，CRA）鼓励受监管的金融机构投资于当地社区，该法 1977 年在美国正式生效，20 世纪 90 年代美国政府通过提高报告标准和执行力，赋予了该法活力。制定该法是为了避免发生美国银行脱离社会的投资行为导致的投资不足的情况。

由于投资者往往被吸引到国家级和国际级的大型项目和商业机会中，所以地方中小企业可能很难获得贷款。前文所述的 BRAC 银行证明这种中间地带的消失正是因为银行业存在结构性问题，这种消失反映了银行利益和社会需求是如何错位的，以及标准化流程如何造成系统性金融缺口。例如，当银行标准化其商业贷款流程时，初创企业、小微企业或创新举措往往就不适合标准化的评估计划。

原则四对公平银行来说是一个挑战。它要求银行制定运营策略，并整合运营策略和产品结构，能够平衡这两个目标——既能关注具体的投资背景，又能有效地标准化银行业务。

5. 原则五：公平银行需要透明度和问责机制

利用金融应对社会挑战的商业模式为银行创造了机会，从而将客户与投资影响力联系起来。因此，保证透明度是公平银行成功的核心。欧洲有几家按照公平银行原则运作的银行要求其所有商业客户同意将他们的名字公之于众。德国 GLS 银行、丹麦 Merkur 银行和瑞士的 ABS 就采取了这样的策略：每一笔商业贷款都会在网站、App 或银行客户杂志上公布。

这类举措冲破了储户与债权人之间的界限，并回答了这样一个问题：你的钱投资在什么地方。这种增加透明度的举措也加深了银行和客户之间的信任程度。客户可以查看关于投资内容的数据，可以提出问题并提供反馈。这种透明度使银行对投资项目负责，但也增加了声誉风险，也就是说，客户如果发现银行正在投资他们不喜欢的项目，或者认为该投资与银行使命相悖，可能就会选择撤资。

麻省理工学院的西蒙·约翰逊（Simon Johnson）是《13 个银行

家：下一次金融危机的真实图景》一书的作者之一，他认为金融业的
一个发展趋势是，透明度和问责机制将成为银行的核心，并认为数
字化将对这种趋势产生积极影响。

　　相信未来银行业将会更透明、更开放、更加有社会责
任感，这样客户就可以知道银行在做什么。这也是我们尝试
使用去中心化技术，即通常所说的区块链的原因。你会更清
楚地知道谁在什么时候做了什么。这种情况下，银行这样
的中介机构不得不向不同的利益相关者展示其投资内容。

透明度要求银行邀请利益相关者就影响力和目标进行对话。归
根结底，公平银行要对其所服务的地区负责。银行的任务是更好地
建立问责机制，平衡效率、创业机会和影响力。问责机制有一些相
对具体的执行方式，治理架构决定了股东和企业成员的责任。但是，
银行也可能将不太具体的问责机制纳入运作过程，以帮助其不偏离正
当的使命目标。在有的银行的会议室里，会议桌周围的黑色椅子中间
有一把绿色椅子和一把红色椅子。绿色椅子代表每次会议都要考虑地
球的未来，红色椅子代表会议要考虑对社区未来的影响。以影响力为

导向需要在决策时关注没在场的人的声音。

1.7 公平银行业：边缘地带的创新

公平银行的五项原则阐述了公平银行业的做法，解释了这种使命驱动的银行和金融服务与主流金融业的不同之处。公平银行业需要我们具备评估、创新和创业能力，需要用生态系统思维思考问题。生态系统思维指的是从系统角度评估一项决策，并探讨其消极影响和积极影响。

公平银行业是金融业的一个小众分支，但随着主流社会开始讨论并质疑银行的角色、功能和影响力，我们与公平银行业从业者进行了深入交流并挖掘对整个行业有价值的经验和见解。以下各章探讨这些创新者进行的实践，以及测试的工具和想法。诚然，这些创新或许微不足道，但仍可以积少成多并最终造福整个金融行业。

Governance, Organization, Leadership

第 2 章　锚定三角——重新思考治理架构、组织架构和领导力

公平银行业的历史表明，积极推动社会进步的目标很容易随着时间消失或淡化。即使机构最初是以积极推动社会进步为使命而成立的，但从长远来看，企业也未必能够成功地把这一使命坚持贯彻下去。

我们以德国一家小型公立银行为例。2014 年后，德国柏林市的房地产市场开始出现投机性购买行为，一些投资者在不断增加的需求中抓住了获利机会，开始购买和炒作房产，将真正想买房来居住的消费者挤出市场。这样的投机性行为得到了德国南部的一家公平银行——德国储蓄银行（Sparkasse）的资金支持。这家银行明确定位在本地区内经营，那么距离柏林四百英里（1 英里 ≈ 1.61 千米）的这家银行为什么会投资于这么火热的投机市场呢？看来还是高利润率的诱惑力实在太强了。

作为行业研究者，我们几十年来一直与遵循公平银行原则的银行合作，而对于最近才决定转向按照公平银行原则运作的银行，我们也选择与之合作。从研究中我们了解到，要想成功地将盈利能力与使命结合起来，需要在组织中锚定使命，即使用锚定三角：治理架构、组织架构和领导力。

2.1　利润与使命之间是否存在平衡点

公平银行业的一个常见问题是，盈利能力与创造积极社会影响力的使命之间是否存在平衡点。将使命导向型企业与传统企业进行比较的少数研究者认为，不同企业以使命为导向的运营对盈利能力的影响各不相同，这不足为奇。企业盈利能力取决于许多因素，例如市场成熟度、企业的竞争力或组织效率。很难把使命目标的影响与企业其他业务的影响区分开。

对于利润和使命是否可以平衡的问题，一家公平银行的前首席财务官皮埃尔·艾比给出了回答。他认为，在一个使命驱动型的组织中，利润的作用会发生变化，这不仅适用于公平银行，也适用于任何以双重底线或三重底线（社会、环境、利润）为目标运作的社会企业。"利润不是目标，而是衡量我们是否成功的一个指标。我们的目标不是使利润最大化，而是创造可持续获得公平利润的环境，使企业能够长期经营下去"。

艾比从影响力的角度思考利润，这需要将思维方式转变为生态系统思维。组织的总体目标是实现积极的社会影响，然而，利润仍然是支撑这一总体目标的重要因素之一。最重要的是，利润使企业能够持续运营并增强影响力；没有利润，银行就会倒闭。另外，盈利能力是衡量组织效率水平的指标之一。根据这种观点，获取利润是达到目的的一种手段，而不是目的本身。

从以获取利润作为企业的主要目标到以利润作为指标之一的转变并不是一种技术性的变化。利润仍然以同样的方式计算，但将利润看作指标中的一个，需要企业有意识地转变。重新定义利润对企业的经营方式有非常切实和具体的影响。例如，如何领导和组织，企业提供什么样的产品和服务，以及如何衡量成功。这种转变影响企业的方方面面，必须有意识地将其纳入从贷款到关键绩效指标设定的各个方面。例如，贷款审查人员必须考虑潜在借款人在资金使用方面的社会和环境影响。当透明度成为商业模式的重心时，也就是说当银行希望客户知道资金的用途时，就需要把这个目标纳入战略规划中。

正是这种同时对几个目标的平衡，使公平银行与传统银行有所区别。公平银行业需要从生态系统视角来运作，即基于对整个系统是产生消极影响还是积极影响来做出决策。在操作层面，生态系统视角要求银行完成两项任务：①开发新的组织和流程，正确衡量企业对生态系统的影响；②设计商业运作模式，追求多样化的，有时是相互对立的商业目标。

按照公平银行原则运作，会增加组织复杂度，但也会带来创新并增加进入新兴市场的机会。在 20 世纪 80 年代，德国 GLS 银行是欧洲第一批开发金融产品以支持风能投资的银行，该市场今天已经十分成熟。在 2007—2009 年的全球金融危机之后，公平银行的客户数量空前增长。

将利润或股东价值最大化作为唯一的商业目标是传统做法。但是，当下这个时代正面临各种紧迫挑战，如气候变化危机、社区不平等和公共卫生问题等，这些挑战正在推动商业目标的多样化，越来越多的企业认为对社会有正向影响是衡量企业成功时需要考虑的一个指标。当企业开始将社会影响力目标纳入运营目标时，如何实现生态系统意识转变的问题就出现了。例如，信贷员如何处理客户利益和自己效益奖金之间的平衡？组织如何制订符合其作为社会责任型企业的价值观的薪酬计划？如何为将使命目标融入组织目标创造条件？

当利润和股东价值最大化不再是衡量组织成功的标准时，关于如何定义成功的复杂性就会增加。如果有意识地对银行运营的生态系统产生积极影响，就需要改变评估流程并调整运营职能。银行组织需要进行调整和创新，以整合所有目标，即使不同的目标可能存在对立性。

2.2　公平银行业的锚定三角

当我们向学生介绍公平银行业时，通常会收到两种反应：一种是学生对公平银行业的存在感到惊讶；另一种是学生认为遵循公平银行五项原则的银行从长远来看可能会失去部分或全部影响力。

这是有一定道理的，因为公平银行必须平衡几个目标，有时甚至是相互对立的目标。

成功的公平银行将价值观和使命锚定在组织及运作的不同层面。"锚定"意味着这些银行制定了规范、政策和组织架构，支持企业的社会责任目标，并将这些目标与日常运营联系起来。例如，德国 GLS 银行的贷款评估分为两个步骤，即财务评估和企业社会责任评估，只有通过这两个步骤，贷款申请才会被批准。意大利 Popolare Etica 银行开发了新的贷款评估流程，该流程用于让银行成员评估贷款项目的影响力。财务评估由银行自己完成，Popolare Etica 银行会培训其成员中的志愿者，评估贷款项目对社会的正向影响力。如果贷款项目没有通过影响力评估，即使借方实力雄厚，贷款也不会获批。

从影响力的角度来看，一种创新的贷款做法是要求所有商业贷款方同意公开名字。这种做法可确保贷款完全透明。客户可以知道自己的存款资助了谁，资金的投放与他们的理想是否一致。

以上是社会责任影响力目标如何改变公平银行运作的一些范例。在营利性组织中，锚定使命需要重塑核心业务和结构。锚定三角显示了三个重要的锚点，见图2.1。

图 2.1　公平银行业的锚定三角

1. 治理架构

组织的治理架构定义了组织的法律结构——所有权模式和决策机构，并由此构建监督和问责机制的核心部分。治理架构对商业模式、总体战略的制定和日常运营都有重要意义。

设计正确的治理架构对使命导向型的组织而言是一项挑战。有一个例证可以说明治理架构的相关问题和复杂性——高科技和家族企业上市时出现了引入双重股权的趋势。其向公众提供的股票的持有者投票权有限甚至没有投票权，而向创始人和高管提供的股票的持有者则拥有更大的投票权。同时拥有这两类股权通常是为了确保创始人或家族保留对企业的控制权。使用双重股权的知名企业包括 Facebook（已更名为 Meta）、LinkedIn 和 Snap Inc. 等。

开发出相机应用 Snapchat 的社交媒体公司 Snap Inc.，在 2017 年首次公开募股 34 亿美元，其给予投资者的投票权为零，走向了这一趋势的极端。20 世纪 80 年代之前，美国股市基本拒绝接纳双重股权制度的公司，但也有一些例外，例如 1956 年福特汽车公司上市时就采用了双重股权制度。此后，全球更多的证券交易所接受了双重股权制度。2017 年，在美国的证券交易所上市的公司中，有五分之一的公司采用双重股权制度，但关于是否应该允许双重股权的辩论仍在继续。

投票权与财务回报的分离反映了企业创始人或所有者与投资者之间的核心冲突。投资者批评对投票权的限制是不民主的，限制了治理监督，而企业创始人或所有者则认为，双重股权可以保护企业免受外部利益的影响。对双重股权制度合法性和民主性的质疑是有道理的，但我们认为其中一个重要的问题被忽略了。

创始人和股东之间的冲突可能是一场权力游戏，但不止于此。双重股权的例证让人自然地想起前文所述关于平衡利润最大化和其他商业目标的讨论，对双重股权制度的重新关注反映了这种两难困境。高度关注利润的投资者可能受到短期利益的驱使，但蓬勃发展的企业需要创新，在变革时期需要做出艰难的决定并有勇气踏入新市场，特别是在衡量短期盈利能力时，一些行为可能与利润最大化的目标矛盾。创始人的想法和对企业的长期愿景可能会让回报暂时较低。但是，这并不意味着所有的投资者都没有耐心、不支持对短期回报有负面影响的长期战略。谁来对企业战略做出判断和决策是这场辩论的核心。

这就引出了这样一个问题：哪种治理架构能够最好地让组织平衡盈利能力和其他潜在的与利润最大化存在竞争的目标？与我们合

作过的所有公平银行都采用了通过所有权结构锚定使命的治理架构。我们认为采取与使命一致的治理架构是公平银行业的最低条件，因为这是确保长期成功运营的必要不充分条件。

（1）公平银行业中关于所有权模式的例子

公平银行采取了不同的方法，将使命锚定在治理架构中。这里以本书第 1 章开篇介绍的开发了一款 App 的银行为例讲解。

这家银行没有发行股票，而是委托拥有该银行股本的信托机构发行存托凭证。这些存托凭证的交易并不在股票市场上进行，而是由该银行自己组织，投票权由独立的法律实体即银行股份管理基金会持有。该银行的法律顾问和合规官员阿尔贝特·霍兰德（Albert Hollander）解释："我们的股票是经过认证的，所以投票权属于股份管理基金会。基金会的董事会由独立人士组成，他们守护着我们银行的使命。我们没有在证券交易所上市，但是我们确实在内部市场上公开交易存托凭证。"

这家银行的股东制度与 Facebook 和 Snap Inc 使用的双重股权制度的主要区别在于，股份管理基金会取代了创始人或所有者。

基金会的任务是在存托凭证持有人的经济利益与银行的使命之间牵线搭桥，以实现双方互惠互利。银行的日常管理由管理委员会负责。

在年度会议上，存托凭证持有人对股份管理基金会董事会成员的任命进行投票，董事会成员可以推荐加入董事会的候选人。这些建议必须得到银行管理委员会和监事会的批准。任何存托凭证持有人都不得持有超过所有已发行存托凭证的 10%，这样可以防止恶意收购发生。这家银行的前首席财务官皮埃尔·艾比说："我认为我们在金融领域有一个相当特殊的模式。我们大部分资金都放在客户那里。90% 以上的资金由公众拥有，因此我们可以与坚定地致力于践行我们价值观的人在一起，不会轻易出售我们的股票。我们 30 年的经营经验已经证明了这种模式行之有效。"从长远来看，这种所有权模式旨在确保银行能够平衡其不同的目标，并且不会偏离使命。这家银行的创始人认为，这种所有权模式可以让从银行获得经济利益的人和那些主要关注银行使命及影响力的人进行关于银行发展方向的对话。该模式的主要缺点在于结构较复杂，优点是该模式锚定使命并保护银行不被恶意收购。

与这家银行一样，大多数按照公平银行原则运作的金融机构采用锚定使命的治理架构。德国 GLS 银行是一家由其股东拥有的合作社，股东大会选举出 6 名董事会成员，其余 3 名由该银行的合作者选出。孟加拉国 BRAC 银行是一家商业银行，但其 50% 的股份由使命导向型组织拥有。美国的 Southern Bancorp 经营着一家银行和一家非营利组织，这两者都支持地区的发展，并通过控股公司相互联系。表 2.1 简要介绍了公平银行业中的几种所有权模式和治理架构。

表 2.1　公平银行业中的几种所有权模式和治理架构

序号	关注重点	所有权模式	治理架构	目的
1	专门关注社会和生态项目	合作社模式	● 全体股东大会 ● 董事会有 9 名成员（6 名由股东大会选出，3 名由合作者选出）	让成员和合作者有发言权，创造对资金负责的社区

续表

序号	关注重点	所有权模式	治理架构	目的
2	中小型企业、社会责任感	私人商业银行模式，50% 的股权由使命导向型组织持有	● 董事会 ● 管理委员会	确保为缺乏银行服务的人服务
3	农村地区和缺乏金融服务的地区	Southern Bancorp 模式，股权由 Southern Bancorp 银行控股公司和 Southern Bancorp 非营利组织持有	每个实体均设立治理委员会	为地区提供两种类型的资金：不期望回报的礼物型资金、按营利原则运作的贷款和金融服务
4	专注社会、文化和生态项目	基金会持有股份和投票权	● 每个实体均设立董事会 ● 存款人选举基金会的董事会	就使命、公平回报和问责制进行持续对话

（2）决定所有权模式

华盛顿特区的 City First 银行是一家社区发展银行，旨在为缺乏银行服务的低收入地区和少数族裔提供更公平的融资机会。其首席执行官布赖恩·阿格雷特（Brian Argrett）描述了该银行的成立方式及其所有权模式。

City First 银行的成立方式完全影响并决定了其今天的工作方向。这家银行的不寻常之处在于，它确实来自行动主义，由不同地区参与创立。它的创立背景是，一些人看到华盛顿特区有些地区没有资本流动，出现了大规模的撤资，而银行界对这些地区确实不感兴趣，于是他们共同就如何协助这些地区资本流动制定了解决方案。他们选择银行模式是因为通过存款可以发挥资金的杠杆作用。在筹集了一定数量的资金的情况下，通过存款筹集另外的资金，从而在贷款方面施加更大的影响力。他们成立了一家非营利组织，并真正成为其控股股东，这些股东即银行的创始人。时至今日，该非营利组织仍然是该银行最大的单一所有者，拥有银行的投票控制权。他们以后可以将股份卖给有同样愿景的投资者。那么，这实际上意味着什么呢？这意味着在华盛顿的这家营利性银行 City First 的非营利精神已经有了一定的影响力。

阿格雷特阐述了 City First 银行的成立过程，并解释了将银行的目标和使命锚定在所有权模式中的原因，从侧面说明了这种使命锚定对该银行今天的运营有多重要。创始人通过将社区利益锚定在治理架构中，成功地确保银行对其服务的地区负责。

退一步可以看到，决定这种所有权模式的核心是私人所有权与公共利益之间的紧张关系。这种紧张关系长期以来一直反映在关于什么是所有权的合法性的辩论中。例如，德国基本法规定：财产的所有权伴随着义务。当代德国政治学家曼弗雷德·布罗克（Manfred Brocker）分析了这种紧张关系。他指出，大众对财产的思考发生了范式转变，从早期的"占领论"转变为约翰·洛克（John Locke）的通过劳动获得所有权的"自然法"。洛克是 17 世纪的英国哲学家，他反对占领论，认为在社会契约允许个人通过占领获得财产之前，所有财产都是由社会拥有的。相反，洛克阐述了基于自然法的观点，即财产所有权源于对自然资源的劳动付出，劳动使所有权合法化。这种关于所有权合法化的思维转变是很重要的，而且在今天仍然有现实意义。是社会赋予个人所有权，还是个人劳动使所有权合法化？这个问题与一个百年以来的辩论有关，即个人自由优先于社会福祉还是社会福祉的目标应该对个人自由进行合理限制。这也指明了经济模式的基础，即企业家精神的作用，企业家精神的发挥应该伴随个人劳动成果的回报。

以影响力为导向的商业模式和公平银行旨在消解个人自由和社会福祉之间的这种对立。公平银行原则关注私人所有权与公共利益的关系。所有权的权利和责任是什么？如何设计所有权模式以消除私人所有权和社会福祉之间的矛盾？即使私人所有权为个人问责制的产生和企业家精神的发挥奠定了基础，也仍然不能只是被当成一件私人事务。

治理架构是如此重要，因此下面将确定一套问题和标准，从而评估公平银行特定治理架构的优缺点。

（3）治理架构：提出关键问题

没有一种理想的治理架构适用于含公平银行在内的所有使命驱动型企业。不同地区有不同的特点、限制和可能性，然而，认真回答以下问题可能对选择治理架构有帮助。

① 谁负责？由治理者负责。建立问责机制和界定责任是构建治理架构的主要目的。让治理者对使命负责，这是第一个锚定点的关

键部分。有的公平银行通过创建规则来达到这个目标，该规则规定由专门的机构负责监督使命和投票权，同时还允许个人投资者在经济上受益。

②谁提供技能、知识和能力？经营企业需要技能、知识和能力。一个成功的治理架构会整合具有这些属性的人。银行可能很难找到具备监督金融机构所需技能的董事会成员；管理银行的非政府组织或基金会可能具有正确的价值观，但缺乏商业头脑。确保治理架构能平衡正确的专业技能和价值观是公平银行的核心挑战之一。

③谁将受到影响？这一问题涉及将治理与影响力联系起来。制定锚定使命中治理架构的第三个指导性问题是在决策者与受企业影响的对象之间建立联系。从不同的目的出发，受影响的对象可能是地区、群众或环境；一些银行还考虑到后代的福祉，在决策过程中为他们创造"声音"。将所有这些因素纳入治理架构，可以为如何使决策的目标与使命一致创造有意义的对话空间。

2. 组织架构

治理架构是使命的第一锚点，但从长远来看，它不足以确保金融机构平衡影响力和盈利能力。带着使命运营需要公平银行完成两个步骤：①将影响力目标嵌入整个组织架构；②开发 / 设计影响力评估的工具 / 方法，显示影响力目标是否实现以及如何实现。这两个步骤可能都需要在运营中增加定性基准。这些影响力目标往往比利润和效率目标更难量化。

（1）Popolare Etica 银行的案例：邀请成员加入组织

Popolare Etica 银行是意大利一家合作银行，为了更准确地在贷款决策中锚定贷方影响力，Popolare Etica 银行将其成员作为志愿者纳入贷款申请的影响力评估流程。其研究主管切萨雷·维塔利（Cesare Vitali）描述了这个过程：

> "在商业贷款决策中，除了经济评估外，我们还会进行社会与环境评估，这是正确了解客户是否符合我们的价值观和业务模式的最有效方法之一。从社会和环境角度来评估客户非常重要，这有助于提升企业的社会责任形象。

在过去几年里，通过我们的评估，越来越多的客户开始将价值观融入业务中，同时也有越来越多的客户感谢我们的评估。"

维塔利说，在 Popolare Etica 银行，评估工作主要包含三个步骤：

第一步，进行社会环境问卷调查；

第二步，授信分析；

第三步，由银行成员中的志愿者（即社会评估员）对社会和环境进行评估。

其中，第三步是最重要的一步。社会评估员与客户见面，并对客户就前期评估中的一系列指标和问卷中的问题进行访谈。银行培训确保了社会评估员的专业性和胜任度，因此，他们的工作使得评估更加全面、完整。在流程结束时，银行还会对客户进行综合评估，在全部评估都呈现积极结果的情况下，才会对客户提供贷款。

Popolare Etica 银行做了两件事。

① 将影响力评估作为决定贷款申请是否成功的工具，该评估帮

助银行更好地了解客户的社会和环境影响力。

② 让银行成员参与评估流程，银行与成员就决策进行有意义的对话。让成员评估贷款也是使银行对利益相关者负责的一种方式。在这种情况下，未经社会评估员的评估，贷款就不会获批。

这个有银行成员参与的贷款评估流程是一个范例，说明了在组织架构中锚定使命将如何创新操作和流程。虽然这些创新有助于锚定使命并使银行保持活力，但所要求的透明度也给银行带来了风险，因为它给了客户对银行运营进行评论和审查的机会。

（2）建立使命导向型的组织

在与公平银行这类金融机构的合作中，我们探索和了解到在组织中锚定使命的最佳做法。架构、政策和实践没有放之四海而皆准的公式，因为地理、文化、监管环境等因素各不相同，所以一些解决方案行得通，而另一些解决方案则行不通。尽管如此，我们还是发现了冰山模型［由麻省理工学院的埃德加·沙因（Edgar Schein）开发］是探索这个问题的有效工具，见图 2.2。

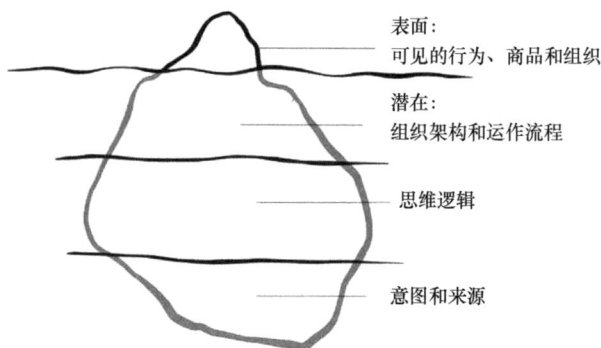

表面：
可见的行为、商品和组织

潜在：
组织架构和运作流程

思维逻辑

意图和来源

图 2.2　组织的冰山模型

人们普遍认为，每个人都可以看到冰山的一角，而冰山的大部分则隐藏在水中。冰山模型反映了组织的架构与运作，其中某些因素比其他因素更容易被注意到。例如，银行的金融产品、品牌以及分支机构网络都是该组织的可见部分。它们反映了银行的形象，并与组织文化建立了有形联系。而组织架构和运作流程虽然不在表面，但同样重要，它们决定了业务的成败。当挑战出现时，组织往往通过调整架构和流程来应对。

但是，正如任何参与变革的人所理解的那样，还有仍然高度相关但更不显眼的组织层。沙因将此称为心理模型或思维范式。心理模型从根本上影响着工作方式。例如，是否能够从根本上相信企业可以由使命驱动而不是由利润驱动？这个答案决定了行为和决策。公平银行需要了解使命是如何在组织的各个层面转化的——从金融产品到核心架构和实践，再到组织中的每个人（尤其是领导者）的工作意图。横跨这些层面的使命一致性是实现使命和利润平衡的关键锚点。这往往需要围绕组织架构、规章和实践进行内部创新。

多年来，我们与世界各地使命驱动型银行的人力资源经理建立了实践联盟。做这项工作让我们产生了许多有价值的见解，强调了必须在多大程度上调整标准的商业惯例来锚定使命。例如，与我们合作的人力资源经理们经常讨论的一个问题是，使命驱动型银行的每位员工是否都必须认同使命。

我们参加过一家公平银行的有趣的讨论。一位执行董事认为应该强制要求所有成员在他们银行开户。令我们惊讶的是，首席执行官不同意。他倒是希望成员可以自己选择是否开户。锚定自由和自我决定是该银行的重要价值观，这与剥夺成员说"不"的选择权是矛盾的。真正锚定自由和自我决定的价值观意味着组织要承担成员选择在其他银行开户的风险。锚定影响力目标会影响组织的所有层面——行动、行为、架构和流程，同时也会影响组织成员的工作思维和意图。

在温哥华，Vancity 信用合作社（以下简称"Vancity"）采用的方法是为所有新加入的员工创造机会，让他们更深入地了解信用合作社的使命，并通过接受为期一周的定向沉浸式入职培训选择是否认可组织的使命及影响力。

Vancity 的人力资源和学习部门创建了这项计划，因为该组织认识到除非人们真正体验过，否则很难真正理解在公平银行工作意味着什么。该计划旨在帮助新员工感受不同并了解信用合作社的工作，并鼓励所有员工完成该计划。这个为期一周的培训计划包括类似课堂的体验和对信用合作社员工的随访以及创造性地解决问题、对话和反思。Vancity 的学习顾问科林·卡思伯特（Colin Cuthbert）说：

"在最后一天会有一场主题为'Vancity 和你'的会，这是此计划的一个重要节点。会上讲师会请参与活动的新员工进行选择，'如果经过这一周的体验，Vancity 看起来并不适合你，那么现在是离开的时候了'。即使新员工做出离开的决定，Vancity 仍将支付他过去一周的工资。"

"Vancity 对自己价值观和使命的重视程度非常高，很多机构都声称自己是以价值观为导向的，他们通常会共享一个官方价值观清单。但 Vancity 想让员工明白，这个机构是与众不同的。Vancity 希望员工深入思考自己的价值观是否与组织的价值观一致，然后决定是否留下。自计划推出以来，只有三个人选择离开，但 Vancity 仍然发现这个选择是所谓的'有意识入职'的关键。作为这个计划的现任导师，我发现 Vancity 的'定向沉浸'周让人振奋。对新老员工来说，'定向沉浸'培训提供了深入了解 Vancity 愿景和文化的机会，还为参与者创造了宝贵的交流机会，他们可以结识来自组织各个层面和部门的人。这种交叉式的培训强化了团队意识，同时也让新员工更好地了解职业发展道路。"

定量目标之所以占据主导地位，是因为它们很容易被衡量和传达，而衡量和传达影响力则相对困难和复杂。Vancity通过新员工培训将其秉承的使命驱动文化嵌入整个组织，以实现组织内各级行为和决策的一致性。以这种方式锚定使命需要付出巨大努力。

人力资源部门负责人的另一个关注点是招聘使命技能型人才或业务技能型人才。公平银行并不总是很容易找到同时拥有影响力和适当专业技能的人才。在一次与人力资源专业人士的会谈中，我们听到了以下内容："起初，我们为价值观而招聘，寻找能带来影响力的有经验的人才。但后来我们意识到，组织缺乏专业技能人才。于是，我们招聘具有专业技能人才，但后来我们发现组织的影响力在下降。平衡这两方面，并打造一个使两种技能都得到重视和发挥的组织，才是真正的挑战和创新。"

一家公平银行的人力资源总监埃尔斯·费尔哈亨（Els Verhagen）描述了她的一次面试，她认识到传统做法在使命导向型组织中并不总是有效。她说："价值观需要保持生命力。我了解到员工的个人价值观和组织的价值观之间的联系至关重要。只有深入理解自己的价值观，才能够做出基于价值观的决定，并按照价值观行事。我们需要围绕价值观进行持续对话，而不是束之高阁不闻不问。"她接着描述了她是如何在面试中与候选人谈论价值观的："当我面试时，会仔细审查简历中候选人做出决策的节点和相关变化，并将面试的一部分重点放在上面。并提问'是什么让你做出这个决定''你为什么要这样做'，根据我的经验，这是我了解候选人基本价值观的最有效方法。"

关于绩效管理的问题，Southern Bancorp 公司的人力资源主管安德烈亚·帕内尔（Andrea Parnell）说："今年我们在绩效管理方面具体地提出了使命导向型目标，并将其转化为组织文化的一部分。我们曾经有基于利润的目标，如增加存款、增加贷款等；但现在正在制定与使命有关的目标，这样就能够将每天的工作目标从个人的向组织的迁移。"帕内尔的使命锚定方法更重视创造机会以帮助员工参与实现组织使命，不断地将"更大的目标"转化到日常工作中。

德国 GLS 银行的薪酬计划颠覆了工作和收入之间的关系：与其说是"我工作是为了获得收入"，不如说是"我获得收入是为了工作"。这种理念意味着收入使团队成员能够投入时间和技能到工作中；收入不是奖励。其基本思想是，在理想情况下，团队成员不需要靠奖励来工作，而是希望热忱地投入工作的同时获得成长和发展。

德国 GLS 银行的薪酬计划基于以下思想。

① 每个人都将得到基本收入，且基本收入可以让员工得到很好的生活保障。这是薪酬计划的起点。

② 任何额外的薪酬都基于两个因素：

- 员工是否有家属或是否需要支付特别高的住房费用（例如在消费水平高的城市）；

- 该员工所属的职能组（德国 GLS 银行根据受教育水平、合作者的责任范围和经验／工作年限确定了八个职能组）。

③ 不支付奖金。

尽管这种薪酬方案与现实情况有所背离并且在一些国家并不合法，但它至少说明了当把使命目标纳入日常工作中时，组织可能会发生一些根本性转变。在与我们合作的公平银行中，在业务的方方面面，从风险管理到采购再到客户互动，都在重塑组织架构、政策和实践。

我们再看看图 2.2 所示的冰山模型，底层是意图和来源，这一层与使命的第三个锚定点，即领导力密切相关。

3. 领导力

在与公平银行的合作中，我们为来自全球各地的领导者制定了领导力发展计划。该计划的一个基本要素是，领导者需要在个人领导力意图上下功夫，即回答"我为什么要在这家银行工作""我想为组织带来什么"等问题。领导者的意图对工作的有效性至关重要。

为了更好地理解冰山模型，我们看一下麻省理工学院斯隆管理学院高级讲师奥托·沙尔默（Otto Scharmer）的研究。在对汉诺威保险公司前首席执行官比尔·奥布莱恩的采访中，沙尔默问他从多年来领导的组织变革中学到了什么。奥布莱恩回答说："干预的成败取决于干预者的内部条件。"奥布莱恩认为，意图会影响行动的结果。带入会议、创新或项目中的意图对工作的成败有明显的影响。意图会影响行动的质量和结果。

我们都有这样的经历。长期行为的改变会影响我们思考问题的方式和行为意图。如果不改变思维，行为就难以发生改变，就会重复过去的模式。因此，领导力构成了使命导向型组织的第三个关键锚点。

沙尔默开发了一种创新性的领导力方法，称为"U形理论"，这种方法使领导者能够突破陈旧模式，思考更深层次的意图。沙尔默向领导者提出了两个核心问题：我是个什么样的人？我的工作内容是什么？沙尔默用大写的S表示"自我"，指一个人的未来最高潜力；用大写的W表示"工作"，指工作的更深层目的。

当与公平银行的领导者合作时，我们邀请他们探讨这些问题。回答这些问题需要个人进行反思，也需要学习。探讨这些问题不能在办公室里单独完成，要找到答案需要领导者参与对话，将两种经验联系起来：一是领导者的工作影响力，特别是从那些没有发言权的人的角度看到的影响力；二是内部对话，在对话中，领导者进行自我审查。自我审查是锚定意图的最终方法，这种锚定使领导者能够真正地领导团队、组织和自我，并能够踏入未知的领域。

麻省理工学院社区创新者实验室（CoLab）的执行主任戴娜·坎宁安（Dayna Cunningham）将领导者锚定意图的过程描述为找到自己的北极星用于在陌生领域中导航："当迷失方向或者在面临破坏性变化或挑战时，北极星能为领导者指明方向，进而指导行为。"

作为公平银行的领导者，找到自我意味着锚定了意图。使命导向型组织通过跳出主流模式进行创新。这样做需要有明确的方向，以自我作为锚定点。

今天，前所未有的挑战威胁着地球、社会和人类的福祉。这些问题的复杂性要求我们以新的方式踏入陌生的领域。我们要首先找到北极星或内在驱动力。

2.3　三个锚点及其目标

经营公平银行并将金融作为社会变革的工具需要精准定位三个锚点，否则，利润目标将占主导地位。表 2.2 总结了三个锚点及其目标。

表 2.2　公平银行的三个锚点及其目标

锚点	目标
治理架构	法律结构反映利润和使命的目标
组织架构	重塑企业的各个层面
领导力	阐明并锚定领导力意图

公平银行业要求重塑银行的运作方式，将使命融入日常运作中。如果没有这三个锚点，公平银行业的理念就有可能随着时间的推移而淡化，宣传这种理念则成为没有真正实践和影响力支持的一种公共关系的战略。

这三个锚点为金融机构在公平银行原则下的成功运作创造了条件。虽然人们对公平银行和投资的兴趣有所增长，但这种形式的银行和金融服务在金融领域仍然是小众的。第 3 章将探讨为什么会这样，并指出公平银行业面临的一些系统性挑战和机遇。

Challenges, Opportunities

第3章 公平银行业的系统性挑战和机遇

公平银行是金融体系中的细分市场参与者。虽然它们在创新，但与其他主流的金融机构相比，其规模和影响力微不足道。金融领域中规模最大的参与者塑造了市场，并定义了金融机构的运营生态。而公平银行虽然规模不大，却提供了可以影响整个行业的经验。

3.1　金融部门的系统性挑战

当今，金融体系为市场上的大型机构所主导建立，一部分业务规模较大的被称为"系统重要性金融机构"（Systemically Important Financial Institutions，SIFI），这意味着它们一旦发生风险事件将给地区甚至全球金融体系带来冲击。用我们行话来说，它们"大到不能倒"。另外，在过去的30年里，与其他经济行业相比，金融业的增长快得不成比例，这导致了所谓的经济"金融化"。2018年，美国金融业产值约为其GDP总量的21%；在1947年，这个数字为10%[①]。这

---

① 数据来源：Deloitte Insights网站2019年发布的文章《改变视角：从行业角度看GDP》。

一趋势也反映在金融行业利润不成比例的增长和高管薪酬的飙升上。虽然金融行业的庞大体量有利于实现规模经济，而且非金融行业的大型企业也需要规模类似的金融合作伙伴，但规模经济会给整体经济带来风险。这些大型金融机构的倒闭可能导致经济崩溃，因为这些风险已经被转嫁给了纳税人，而不是由金融机构自己承担。最终，在非金融或实体经济中价值较低或没有价值的高度投机性金融工具的数量不断增加，引发人们对金融的质疑，并更加关注金融投机行为对其他领域可能产生的负面影响，典型的例子就是房地产泡沫。

在 21 世纪初的金融危机中，纳税人对即将倒闭的银行的救助，引发了公众对金融业现有结构的强烈关注，并开始质疑金融机构的目的和影响。虽然金融机构的目的是促进货币交易，从而为整体经济提供稳定性，但目前金融业的集中式结构和大量的投机性金融工具并不能带来经济所需的稳定性，也不能有效地在经济稳定和发展最需要的领域提供贷款和投资。

随着对金融业作用和责任的质疑声越来越大，对现有金融服务替代方案的需求也在增加。越来越多的客户正在寻找专注于实体经济和社会福祉，符合其利益与价值观的金融机构，这为公平银行的创新创造了机会。本章将讨论公平银行在当前金融体系中面临的系统性挑战，以及公平银行在此环境中运营的机遇。

3.2　公平银行面临的系统性挑战

现有常见的金融业运营方式对公平银行机构有不小的影响。金融业大型机构的大规模、某些银行的高收益，以及飞速的技术进步创造的大环境，使得像公平银行这样的细分市场参与者在其中难以进行竞争和取得成功。以下简要介绍公平银行在哪些方面面临系统性挑战。

1.　资本和人才的竞争

公平银行要与主流银行争夺资本和人才。所有银行都需要储户或投资者。传统的经济理论认为，资本配置应该遵循盈利性原则。

而我们也知道，投机性金融工具所能带来的高额回报，是基于实体经济交易的金融产品难以企及的，尤其是在短期内。许多人认为，如果小型银行在投资回报上缺乏竞争力，它们就无法吸引资本。

然而，公平银行的存在对这种看法提出了挑战。作为吸引客户和投资者的金融机构，公平银行机构如何吸引资本呢？人们今天面临着具有严重破坏性的外部因素，如气候危机、社区的不平等和边缘化，越来越多的投资者看到传统金融工具的不足之处，并考虑其他投资方式。虽然对公平银行来说，与主流机构竞争仍然是一个挑战，但双方的位置正在发生变化。

二者对人才的吸引力对比也如此。尽管与资本相比人才更加本地化，但由于大多数公平银行无法支付能与主流金融机构匹配的薪酬，那些在工作中首先追求社会责任而不是金钱的高素质人才会更加适合公平银行。

2. 场景化与标准化

公平银行具备我们所说的场景感知能力。华盛顿特区的 City

First 银行作为一家社区银行需要了解区域伙伴并与之密切互动，提供创造积极影响力的服务和产品；德国 GLS 银行为了实现影响环境的目标，包括应对气候危机，需要了解不同可再生能源解决方案的利弊以及气候变化的根本原因；孟加拉国 BRAC 银行员工必须投入大量的时间来有效服务中小企业客户，其中有些客户只有有限的阅读能力，有些客户甚至没有标准会计实践经验。

此外，公平银行的贷款和投资具有一定的复杂性和多元性，与主流金融机构所追求的效率和标准化背道而驰。在金融业高速发展的背景下，如何快速、正确地分析和理解投资环境与影响力，构成了金融与实体经济之间关系的结构性挑战，不仅影响到公平银行业，也影响到整个金融业。在公平银行试图弥补场景化与标准化之间的差距时，这种结构性问题更加明显。

3. 监管

在 2007—2009 年全球金融危机之后，金融业的环境发生了变化。新的监管法规加强了对消费者的保护，并对银行提出了更高的资金要求。这些规定主要是针对大型金融机构的，而对中小型金融机构来说这些规定就成了不小的负担，大量中小型金融机构正在努力应对新的监管要求。

但批评者认为，这些新法规在从根本原因上解决危机或制约该行业的系统性风险方面做得还不够。制约这些系统性风险的例子包括恢复《格拉斯 - 斯蒂格尔法案》与商业存款和投资银行业务分离相关的条款，以及拆分那些"大到不能倒"的金融机构。

公平银行在新的监管环境中要面对三项主要挑战。

第一，大多数监管法规是为大型金融机构设计的，这些金融机构拥有训练有素的员工，他们的全职工作就是与监管机构合作。中小型银行无法配备同样的资源，因此会面临更大的工作量和更高的成本。中小型银行会发现要符合监管机构要求的流程和报告结构并不容易，而这些流程和报告结构有时似乎与专注于实体经济的中小型银行无关。

第二，从监管机构的角度来看，为能影响监管部门的大型金融机构制定法规，要比为在当地经营并提供更多个性化金融工具和服务的各种中小型银行制定法规更容易。监管机构要求银行业务标准化，也就削弱了银行对实际场景的适应能力。

第三，监管机构对"公平银行"的概念往往并不熟悉。一位公平银行的高管说："我们最大的风险是客户不再相信我们能创造我们所声称的影响力。这才是真正的风险。"不熟悉公平银行做法的监管机构可能也难以理解公平银行的贷款组合背后的投资决策。

4. 技术变革

尽管区块链等新技术被认为可以用于并可能非常适合金融行业进行去中心化创新，但在现实中，金融行业的数字化和技术创新通常由大型金融机构主导。中小型银行和公平银行往往缺乏资源或合作伙伴，无法利用新技术来发挥自身优势。虽然也存在例外情况，但总的来说，公平银行不是这一领域的先行者。因此，大多数技术变革背后的设计没有考虑公平银行原则。

5. 关于银行业目的和作用的心理模式

最后一项挑战不太明显，但却很重要。心理模式描述了我们对周围世界的假设并作用于我们思考的概念框架。变革理论告诉我们，启动和维持深刻的变革需要我们建立支持行动的心理模式。

按照公平银行原则运作的银行，与主流银行的心理模式在目的和作用上存在着矛盾。主流银行现有的范式以利润最大化为目标，公平银行并不适合。从监管机构不承认公平银行这种银行模式，到教育系统不教授这种银行模式，再到媒体不报道公平银行，这些因素产生的影响既切实又深刻。

3.3　机遇：金融影响力创新史上的里程碑事件

纵观金融史，可以发现已经有过将金融作为积极变革工具的创新。其中一些创新是为了应对来自主流金融机构的挑战。表 3.1 简要介绍了对社会和环境产生积极影响力的金融创新类型。

表 3.1 对社会和环境产生积极影响力的金融创新类型

类型	实例	创新	局限性
银行等金融机构	• 信用合作社 • 社区发展金融机构 • 合作银行 • 公共银行	• 为银行服务不足和没有银行服务的客户提供服务 • 平衡利润与影响力	• 难以平衡影响力与标准化 • 缺少衡量影响力的工具
投资方式	• 致力于社会责任投资的基金 • 遵循 ESG（环境、社会和治理）原则投资 • 坚持金融的三重底线（社会、环境、利润） • 影响力投资	• 利用金融创造积极的社会影响力 • 将金融与社会和环境底线相融合 • 引入投资管理的新模式	• 缺乏衡量影响力的通用标准和指标 • 难以扩大规模
发展金融	• 小额信贷	• 为穷人和没有银行账户的人提供金融服务 • 关注女性 • 不同于需要抵押品的传统借贷产品	• 市场参与者滥用小额信贷 • 难以彻底改善生活质量
金融科技促进社会影响力	• 提供特定金融服务，例如汇款	• 提供高度可扩展、对消费者友好的金融产品 • 获取非常容易	• 前期成本高昂，需要持续投资 • 缺乏注重影响力的投资者

表 3.1 中提及的每一项创新都利用金融作为产生积极影响力的工具，并进行了相应的实践和提供了解决方案。为了更好地了解这些创新的运作方式，我们仔细研究了其中的实例。

1. 以影响力为目标的金融机构

旨在对社会或环境产生积极影响力的金融机构一直是许多金融创新的源泉。在世界各地，我们发现了不同的公平银行运作模式，下文简要介绍其中两种模式，即信用合作社和社区发展金融机构的历史。

（1）信用合作社

信用合作社是具有成员互助性质的金融组织，由其成员按照一人一票的原则进行管理。在实践中，这种结构要求信用合作社将所有利润重新投入组织、会员及其服务的区域。这种模式有助于在组织中统一价值观并明确使命。

信用合作社的想法可以追溯到 19 世纪 40 年代的英国，它于 1908 年传入美国。到 1930 年，美国已经有 1100 家信用合作社开展业务。到 1969 年，信用合作社数量增加到 23 000 家，然后在 20 世纪 70 年代开始下降。今天，只有不足 5000 家在美国经营，但还有很多家在世界各地经营。虽然美国的信用合作社数量已经下降，但其成员数量和资产仍在稳步增长。今天，美国的信用合作社为 1.3 亿左右的会员提供服务。它们持有的总资产为 2 万亿美元左右①。

从历史上看，信用合作社是围绕着特定的联系纽带而形成的，通常由没有银行服务或银行服务不足的社区创建，以汇集有限的资源并为其会员服务。创立信用合作社的会员包括教师、农民、消防员和移民协会等。随着时间的推移，对会员条件的限制在美国有所放松，但仍然是信用合作社文化和特征的重要体现。在 20 世纪 70 年代的美国，作为一个独立的信用合作社监管机构，国家信用社管理局（NCUA）支持信用合作社扩展产品线并希望它们放松会员限制。这些新的情况使美国信用合作社数量不断增长，资产从 1971 年的 125 亿美元扩大到十年后的 645 亿美元。到 1991 年，信用合

---

① 数据来源于 Statista 官方网站。

作社的资产超过了 2250 亿美元；到 2019 年，信用合作社的资产已经达到 1.4 万亿美元。与此同时，信用合作社的合并数量有所增加，这也是美国信用合作社总数持续下降的原因之一。

这段历史讲述了一个成功的案例，但也映射了行业内的紧张局势。金融业的一些人认为，信用合作社由于存在规模、盈利能力和联系纽带等方面的问题，不该再享有非营利性地位。20 世纪 70 年代以来，几起针对 NCUA 的指控都是这个原因。信用合作社反驳了这一指控，理由是所有利润都返还给会员。但无论这些指控背后的动机是什么，它们都提出了一个重要的问题：信用合作社的盈利能力要达到什么程度，才能开始像主流金融机构那样运作。我们看到大型信用合作社正设法走这条路。

根据第 2 章提出的"锚定三角"的概念，在组织中锚定使命需要三个锚点：治理架构、组织架构和领导力。治理架构中的所有权模式有助于强化信用合作社团结和自主的创始理念，但如果信用合作社的组织架构和领导力在理念上不能统一，那么这种模式是无法实现的。

（2）社区发展金融机构

社区发展金融机构（Community Development Financial Institutions，CDFI）是植根于美国的一种金融机构，旨在帮助"金融荒漠"中的社区获得基本的金融服务。社区发展金融机构的类型多样，如银行、信用合作社、贷款基金、小额贷款基金、风险资本基金、储蓄团体等。

在金融服务不足的社区中，社区发展金融机构可以给社区的居民、企业等提供其无法从银行等主流金融机构中获得的金融产品和服务，即通过对社区的支持，来促进当地经济、社会的发展。

1973年，South Shore银行（后改名为Shore银行）成为芝加哥第一家社区投资银行，社区发展金融机构由此诞生。该银行为1977年出台的《社区再投资法》提供了概念验证，该法旨在引导社区投资银行加大社区金融服务力度，鼓励受监管的金融机构在其所在社区进行投资。

在CRA建立的框架基础上，以20世纪60年代私人基金会创

建的基金为蓝本，美国联邦 CDFI 基金于 1994 年成立。CDFI 基金
支持经过认证的社区发展金融机构，其目的是通过对 CDFI 的投资
和援助，促进低收入社区的经济振兴和发展。虽然 CDFI 基金面临
着一些挑战，但它确实为美国低收入社区提供了相关的支持。

社区发展金融机构的一项重要创新在于：作为金融服务不足的
社区与金融市场及常规机构之间的中介，社区发展金融机构在慈善
机构、政府和社区企业家之间建立了桥梁。华盛顿特区 City First 银
行的首席执行官布赖恩·阿格雷特描述了其含义。

> 你真的必须参与进来，而不是在远处观望，……参与
> 的方式可以是投入资金或提供机会。……作为一家银行，
> 你不是为自己做这些工作，你是为从事这项工作的人提供
> 资金。因此，这意味着，你必须非常谨慎地选择与谁合
> 作，弄清需要完成哪些工作。这些通常没有听起来那么容
> 易，因为在一个不断发展的社区，每个人都有不同的
> 兴趣。
>
> 例如，我们正在举办一个大型论坛——我们称之为社

区发展融资会议或论坛。……我们把所有可能参与河流以东地区更公平的经济发展并对其感兴趣的利益相关者聚集在一起。这个华盛顿的社区即将迎来经济发展，问题是，随着发展机遇的到来，我们如何确保社区更充分地共享资源？要做到这一点，你需要把所有利益相关者聚集在一起，包括政府、居民和社区内的非营利组织、对商业走廊和住房开发有兴趣的营利性开发商、非营利性供应商以及其他投资者。

我们正在尝试把他们聚集在一起讨论棘手的问题，从创造就业机会，到特定社区内的创业，并希望通过这种讨论加强联系，通过讨论产生更好的方案，也许还有一些政策帮助我们在未来更好地鼓励这种发展。当然，对我们自己来说，需要更清楚地知道需求在哪里，以及想办法找资源满足这些需求。因此，像这样的事情你不可能每天都做，但当你有机会做的时候，你可以很好地洞悉事情的本质，也可以以更广泛的方式将自己与其他参与者、对未来感兴趣的人联系起来。在这种情况下，这个社区就可以公平地发展起来。

为了资助变革，City First 银行需要找到合适的合作伙伴。但布赖恩·阿格雷特描述的过程不仅仅是提供融资这么简单。该银行促进了社区内不同利益相关者之间的对话。社区发展金融机构明白，银行变革只靠自己是不行的，而是需要为引领变革的人提供资金，与他们合作并为他们提供便利。

2. 具有影响力的投资

投资基金将不同投资者的投资项目捆绑在一起，置于专业的管理之下。从历史上看，设计具有社会影响力的投资基金的想法随着 20 世纪 70 年代末和 20 世纪 80 年代初的社会责任投资（Socially Responsible Investment，SRI）的兴起而流行。今天，具有影响力的投资的核心概念包括：

① 社会责任投资；

② 三重底线（社会、环境、利润）；

③ ESG［环境（environment）、社会（social）和治理（governance）］原则；

④影响力投资。

虽然这些概念在细节上有所不同，但都包含对社会或环境的影响力元素，并反映了将投资与影响力相结合这种日益增长的需求。该领域一个潜在的挑战是，如何制定共同的衡量标准。如果监管的缺失导致投资的影响力被夸大，则很难区分投资到底是为了发挥积极作用还是消除消极影响。一段时间以来，人们一直在批评投资缺乏统一的评估标准。在具有影响力的投资这一快速发展的领域中，根据谈话的对象不同，评估的答案、流程和做法都不一样。下面举例说明核心概念，但这个领域本身要广泛得多。

（1）社会责任投资

社会责任投资起源于基层社会运动与资金流动的联系。其核心原则是，金钱不仅具有现金价值，而且还是一种工具，可以通过撤资、投资或股东倡导，与基层社会运动相结合以推动变革。

社会责任投资提出了将金融与价值观相结合的想法，所引领的实践也值得称道。例如，在一开始就声明排除标准，确保投资决策不会与投资者的价值观相抵触。回过头来看，社会责任投资在呼吁社会变革和与主流金融联系方面发挥了重要作用。建立这种联系，把对金融角色的思考推向新的领域，这就是今天影响力投资的基础。

（2）三重底线

社会责任投资兴起之后，一个被称为"三重底线"的概念得到普遍认同，这个术语是由约翰·埃尔金顿（John Elkington）在 20 世纪 90 年代提出的。社会责任投资引入了将投资决策与投资者的价值观相结合的想法，并建立了雏形。但要真正使之与投资者的价值观保持一致，需要了解企业的影响力。三重底线概念解决这个问题的方式是，在单一底线（利润）基础上增加另外两条底线——社会底线（对人类的影响）和环境底线（对地球的影响）。

尽管三重底线概念享有广泛的知名度，并影响了世界各地的组织对可持续商业实践的思考，但在 2018 年，埃尔金顿召回（recall）了这个概念。他认为，他的初衷是帮助人们重新思考资本主义理念并进行系统变革，但这并没有实现。相反，他觉得三重底线已经沦为另一种会计工具、另一个商业框架。他写道："如果不通过适当控制速度和规模来阻止我们超过地球可承受的底线，那么什么样的可持续发展框架都是没用的。"

埃尔金顿主张要有系统性的视角。我们需要的是从根本上重新思考经济整体上是如何运作的，而不是只关注个别投资行为或商业决策。只有从系统的角度考量，才有可能确定经济作为一个整体是否具有我们所要的影响力。这种系统思维反映在遵循三重底线的几个概念中，并以循环经济、共享经济、真实成本核算和生物仿生学等概念而闻名。所有这些概念都引入了一个新的经济范式。例如，循环经济的概念表明，经济决策应以自然界如何循环利用其所有资源为模型进行。这意味着经济可以通过资源的不断循环利用来消除浪费，这与线性经济的用完即弃相反。

（3）ESG 原则

2004 年，联合国秘书长召集了一个国际机构投资者小组，讨论如何将环境、社会和治理原则与投资决策联系起来。这个小组提出了负责任投资原则（Principles for Responsible Investment，PRI）倡议，如今在全世界有超过 2500 家组织签署了该倡议。该倡议得到了联合国 2005 年发布的《在乎者赢》报告的支持，该报告陈述了将可持续发展目标纳入资本市场的商业理由，这对企业和社会是有益的。PRI 倡议确立了 ESG（环境、社会和治理）这个概念，倡议的签署方确定了六项原则来指导 ESG 投资战略。

① 把 ESG 问题纳入投资分析和决策过程。

② 积极参与，并将 ESG 问题纳入所有权政策和实践。

③ 妥善披露所投资实体的 ESG 问题。

④ 促进投资行业对 ESG 原则的接受和实施。

⑤ 共同努力，提高执行 ESG 原则的效率。

⑥ 分别报告实施 ESG 原则的活动和进展情况。

ESG 原则承认经营企业的环境、社会和治理风险，以及伴随这些风险而来的诚信责任。ESG 原则并不排斥或促进特定领域或重点领域如绿色能源或生活保障的投资。企业面临环境风险的一个突出例子是气候变化对保险业的影响。气候变化导致自然灾害——风暴、洪水和野外火灾等发生的概率增加，保险索赔因此增加，并引出了一个问题，即保险公司在认识到这些风险时能够诚信地承担哪些责任。

ESG 原则与其说是投资的明确标准和指南，不如说是让企业参与并鼓励其为了自己的利益对其经营中的负面外部因素承担更多责任的准绳。ESG 原则所基于的商业逻辑，是将环境（如气候变化）和社会风险转化为日常商业运作的成本。ESG 原则的贡献在于让企业参与。

（4）影响力投资

将金融与影响力相结合的例子有影响力投资运动。在 SRI 为这一领域奠定了基础后，影响力投资让"投资决策创造积极影响力"的理念成了主流。影响力投资领域产生自另一个不同的社会角度，即慈善业。2007 年，洛克菲勒基金会组织了一次讨论，探讨除政府补助和捐赠之外的创造影响力的新方法。该基金会对影响力投资的定义如下："影响力投资被定义为对公司、组织和基金的投资，目的是在获得财务回报的同时产生社会影响力或环境影响力。"值得注意的是，影响力投资的推出遭到了一些反对人士对基金会的投资策略的质疑，他们认为基金会的投资与目标和使命冲突。从那时起，影响力投资领域不断扩大，相关人士也一直在努力寻找衡量和传递影响力的有效方法。

尽管在理解、衡量和传递投资决策的影响力方面存在挑战，但影响力投资已经成了主流。今天，很难找到一家大型金融机构不提供某种影响力投资选项。虽然影响力投资的总量难以量化，而且理解和衡量影响力的工具也不完善，但影响力投资已经成功地改变了银行业。

上述对这一领域的简要介绍揭示了理念、实践和方法的多样性，表 3.2 对此进行了总结和拓展。在银行业，影响力投资已经从处于边缘地带变成主流。

表 3.2　投资决策领域的创新

投资理念	创始理念	创新	做法	对该领域的贡献
社会责任投资	为人类尊严、普遍的经济公平而奋斗	● 将投资决策与价值观联系起来 ● 使用投资改变企业行为	提高社会影响力的透明度	● 引入了投资社会影响的理念 ● 在基层活动和投资决策之间架起了桥梁

续表

投资理念	创始理念	创新	做法	对该领域的贡献
三重底线	改变企业的运作方式	● 使用实践报告创造透明度 ● 开发新的经济模式	定义社会和环境影响力报告标准	促进从个人投资决策转向以系统变革为目标
ESG原则	企业将致力于可持续商业行为，并将其作为新商业战略的一部分	创建公开承诺可持续商业行为的会员制团体	通过可持续实践降低企业风险	确定可持续商业实践的案例
影响力投资	由慈善机构发起，旨在增加对环境和社会事业的投资	通过创造与社会影响力目标相一致的投资机会，争取捐助者和投资者为积极的社会变革而努力	让投资者轻松获得影响力投资选择	使影响力投资的概念成为主流

每种理念都有相应的实践，这对公平银行的发展做出了贡献。然而，所有这些不同实践的一个重要缺陷是缺乏统一的定义、术语和影响力衡量标准。虽然存在有据可查的和经过研究的衡量影响力的建议，包括一些已经经过测试和应用的方法，但投资者仍然很难就如何更好地衡量影响力，以及展现投资如何与他们的价

值观相匹配达成一致。

3. 发展金融

发展金融旨在通过投资获得积极的社会影响力。发展金融采用了一些公平银行的做法。虽然在这里难以全面探讨这个复杂的话题，但我们可以将把小额信贷作为发展金融的一个典型来讨论。

小额信贷机构为那些因为各种原因无法进入主流银行视野的个人和小企业提供金融服务。虽然多年来小额信贷一直被视为消除或减少贫困的有效解决方案，但在 2008 年左右，研究者开始质疑小额信贷能够消除或减少贫困的说法，并发表了谴责报告，描述小额信贷对客户造成的负面影响。小额信贷机构经历了一段危机时期，并且发现该领域的参与者差异很大，就像金融行业的其他领域一样。我们现在知道的是，评估小额信贷的影响力需要对不同的参与者进行深入分析。

小额信贷的早期形式在 20 世纪 70 年代中期开始出现，孟加拉国的 BRAC 银行和 Grameen 银行便是那时的践行者。BRAC 的小额信贷和超贫困项目主任沙默兰·阿比德（Shameran Abed）在接受采访时说过这样的话。

> 我们的小额信贷项目真正开始起步是在 20 世纪 70 年代末。在 20 世纪 80 年代和 90 年代发展得非常快，但仍然是传统的，即主要向妇女发放基于团体的贷款——规模非常小。随着时间的推移，我们的投资组合不断增长，现在（2015 年）我们做的远不止这些，我们有许多类型不同的产品和服务，但仍然切实专注于金字塔底部的无银行服务者。最初，我们以信贷为主导，但也包含一些储蓄项目，这都是一些非常基本的产品，非常固化；它们非常简单，容易获得，从而有利于推广。
>
> 在情况允许时，我们会添加储蓄产品，这对这个行业来说是非常有利的。最近，我们看到了新型的风险缓释产品、保险，甚至是小额养老金等产品，这对客户来说大有裨益。
>
> 我认为小额信贷的优势之一是非常贴近客户。……我

们曾经每周进行信息收集，一些工作人员每周都会与每一位客户见面。这种 KYC（Know Your Customer，了解你的客户）不是正式的 KYC，而是对客户的非正式了解，如他们的生活已经发生了什么变化，正在发生什么变化。这种 KYC 是非常强大的……如果组织尽其所能……收集所有这些信息和数据，看看如何利用它们来改善产品供应，可以提高服务质量。

BRAC 银行是世界上最成功的小额信贷机构之一，提供远远超出小额信贷范围的服务，如健康和教育服务，并为小额信贷无法惠及的极端贫困人口制订计划。沙默兰·阿比德介绍说，BRAC 银行的方法是将与客户密切相关的环境和生活作为其工作的核心。

很明显，当今全球的小额信贷机构可以对客户产生足以改变其人生的影响，使他们摆脱贫困，但在极端情况下，小额信贷机构也可能会摧毁客户的生活。例如，当客户无法偿还贷款时，就有可能陷入债务恶性循环。萨尔瓦多的小额信贷机构 SAC Apoyo Integral 的首席执行官胡安·巴勃罗·梅萨（Juan Pablo Meza）解释："当我们的客户获得小额信贷时，生活质量是如何改变的？我们用一种全面的分析方法来衡量贷款的影响力，而不是只关注还款率。"梅萨指出，小额贷款机构可以通过分析背后的动机来区分借款人。有一些流程和制度可以确保小额信贷使其客户受益，但所有这些制度也都可能被破坏，或被制定为不利于客户利益的形式。例如，小额信贷机构在评估过程中不包括生活质量指标，就可能会忽视对贷款人的负面影响。不适合客户的贷款可能造成贷款人过度负债，导致贷款人的生活陷入债务恶性循环。成功的小额信贷产品会考虑客户所处的环境、社区和更广泛的社会经济背景。只有当小额信贷产品以提高客户的生活质量为目标时，它才能改善客户的生活。小额信贷作为一个很好的例子说明金融产品背后的不同意图对该产品的影响力会造成巨大的差异。

4. 金融科技发展促进社会影响力

在过去的十多年里，数字技术的应用改变了金融行业，并催生出一系列新型金融机构，即所谓的金融科技公司。金融科技行业围绕银行服务如支付、汇款或投资，建立了新的技术解决方案。虽然金融科技行业还太年轻，没有历史经验可以参考，但金融科技是金融业发展的一个里程碑，影响了公平银行的现状，并与未来息息相关。

虽然金融科技机构大部分以营利为目的，但也有一些利用数字化创造的机会进行影响力创新的案例，如 Worldcoo、M-Pesa 和 Quipu Market 等机构的线上平台。

即使一家机构或一项技术应用的目的是创造积极的社会影响力，但最终细节将决定成败。例如，区块链为金融交易的去中心化提供了创新机会，但在设计上缺乏有效的治理方案。为复杂的社会问题寻找解决的技术方案，过程总是充满挫败，后果也难以预料。就像公平银行一样，努力发挥积极的社会影响力的金融科技机构需要主动地转向生态系统意识，并通过治理架构、组织架构和领导力实践来锚定使命。

bKash 开发了一款早期的移动银行应用程序，允许其用户使用收款、付款、为移动账户充值和支付账单等功能。bKash 的建立是为了满足数以百万计来自农村的，通常是贫穷的孟加拉国人的需求。他们的生活依赖于在国外或在该国不同地区工作的家庭成员的汇款。2018 年 4 月，世界银行估计 2018 年全球约有 2.66 亿移民和难民发送或接收了总额达 6890 亿美元的汇款。这些汇款的大多数受益人生活在世界中低收入地区，汇款往往是收款人的经济命脉。2018 年，孟加拉国收到 155 亿美元的汇款，占其当年 GDP（国内生产总值）的 5.4%。

给在孟加拉国的家人汇款既昂贵又有风险。2011 年，bKash 的成立就是为了应对这一挑战。BRAC 银行在孟加拉国有一个覆盖广泛且网点高度分散的网络，为贫困的孟加拉国人提供卫生、教育和小额信贷服务。bKash 在 2011 年推出时就开始利用 BRAC 的这个网络，努力为贫困和无银行账户的客户提供服务。今天，bKash 仍是该领域最大的参与者之一——其基础设施由城市和农村地区的 8 万个网点组成，2018 年的注册账户超过 3000 万个。bKash 的一个关键目标是为所有收入水平的人提供服务，这些人无须依赖智能手机，即使使用最便宜的移动设备也可以通过输入访问代码来访问 bKash。bKash

是 BRAC 银行的子公司，是 BRAC 银行与 Money in Motion、国际金融公司（International Finance Corporation，IFC）和比尔及梅琳达·盖茨基金会（Bill & Melinda Gates Foundation）合作建立的。

bKash 的故事说明了关注影响力能带来金融科技的创新。创立 bKash 的驱动力与 BRAC 银行寻求为农村地区的贫困孟加拉国人服务有关。BRAC 银行拥有的网络和知识使得 bKash 的创新成为可能。今天，bKash 已成为一家成功的金融科技企业，而且还为该国的银行和中等收入人群服务。

3.4 简要回顾公平银行面临的挑战与机遇

公平银行并不是孤立地运作的，它们一直在与系统性挑战做斗争。本章阐述了公平银行的创新是如何随着时间的推移而出现的。自助倡议催生了诸如信用合作社和社区发展金融机构等。当人们的行为和投资者偏好匹配时，就为今天主流的影响力投资创造了启动条件。我们正处在新技术浪潮的边缘，这次浪潮极有可能整合这个行业过去的经验和教训，为迫切需要的积极变革提供可随时调整的解决方案。

本章介绍了促使公平银行走到今天的一些里程碑事件。公平银行是边缘化的创新，是对金融问题进行思考后给出的解决方案的原型。公平银行的实践基于小规模创新的悠久历史，历史上的这些创新案例可以被学习、复制和放大。但是，如何理解、衡量和传递影响力的挑战依然存在，第 4 章将重点讨论这个问题。

Impact, Infrastructures

第 4 章　评估影响力——可持续的学习基础架构

公平银行业与传统金融业的主要区别体现在对影响力的理解和衡量方面。尽管在过去一段时间里，公平银行理念在非金融领域的影响力已成为全球商业活动中不容忽视的因素，但仍然缺乏切实有效的实施方法。2019 年，麻省理工学院的研究人员发表了一份深刻的分析报告，比较了评级机构计算评价指标的方法并依据企业在环境、社会责任和治理方面的表现进行影响力排名。研究人员发现，不同评级机构给出的结果存在很大差异。在经过溯源分析后，研究人员认为在评价一个特定行业时，选择合适的指标、衡量不同的变量，以及为行业制定通用标准是非常困难的，差异就是在这个过程中产生的。麻省理工学院的研究体现了衡量影响力所面临的挑战。当我们去评价一家企业是否成功时，不应把利润作为唯一的评价因素，还需要从环境和社会责任的角度，去判断这家企业是否能够为世界带来了切实的积极影响。

我们已见证了很多鼓舞人心的案例，银行等金融机构改变了很多人的生活，并帮助有社会责任感及环保意识的创业者和企业家开创了事业。尽管如此，对所有我们合作过的组织来说，制定一套可靠的策略让自身的影响力得以持续，并对策略有清晰的认识与衡量，仍是一项非常艰巨的任务。我们发现，影响力策略是否成功取决于该组织能否有效地完成以下步骤。

① 在整个组织体系中，通过设立有意义的影响指标，建立一套影响力评估流程。

② 以系统视角运营，即在开发影响力评估工具的同时，从整个系统角度来看待影响力。

③ 建立一套可持续学习的基础架构，以配合影响力评估。

影响力评估工具需要与组织的战略目标相匹配，与组织的规模和文化相结合，开发影响力评估工具还要考虑组织所处行业的具体情况。最重要的是，与我们合作的银行家告诉我们，把学习过程和合适的评估工具相结合是至关重要的。

4.1　在复杂系统中评估影响力是一个持续学习的过程

没有一种影响力评估体系能够满足所有情况。一个当下对评估影响力有用的工具，随着时间的推移可能会变得不那么有用。为首批用户开发的工具，后面的用户使用时所产生的效果也许就与银行的初衷相背离。评估指标很容易就变成一堆没有意义的数字。我们曾看到有团队研发出一套影响力分析框架，但是对那些没有参与研发工作的人来说，这套框架收集到的数据并没有特别大的意义。这套影响力分析框架只对少数的团队成员来说是有用的。另外，影响力评估工具的使用甚至产生背离初衷的情况。举个例子，曾经有一位管理者，他把"创造的工作岗位数量"作为衡量影响力的因素之一。两年之后，他发现信贷员在审核贷款申请时，只关注创造了多少个工作岗位，忽略了是否给社区带来帮助或者开拓了新的业务，也就偏离了初衷。这造成在衡量创造的工作岗位数量过程中忽略了对社区整体的影响。只有当一个衡量系统中形成了内部反馈机制，才会对使用者的行为持续产生影响。

影响力是一个不断变化的目标。现在来看可再生能源技术或许能帮助我们对抗气候变化，但是再过几年，当我们对它的副作用有了更多了解，或许就会发现它的负面影响超过了它所带来的收益。

在日常生活中也存在同样的情况，我们换了电动车之后，就会意识到我们还应该考虑如何给车充电，以及电动车的电池对环境所造成的影响该怎么去评估。一些人为了减少二氧化碳的排放变成了素食主义者，然后又会意识到，一些素食品的生产对水资源造成的负面影响或许比想象中更严重。在评估一件事的影响力时，我们要考虑到系统的复杂性，而不是把某一种因素独立出来进行衡量。为了深刻理解影响力，我们需要从更宏观的角度去看，在整个系统中理顺各个影响因素之间的关系。因为对系统中的影响因素进行变革总会牵一发而动全身。

在这个过程中的试错、学习和反思是评估和理解影响力的关键。想要把公平银行业务从概念变成现实，我们需要对大背景有宏观的了解，才能更好地理解银行运营所处现实环境中的各种细节。感到进退两难，或者觉得绕了路，那都是评估影响力过程中所必须经历的。没有学习、对话和反馈的影响力分析只会导致没有意义的排名，甚至适得其反。任何评估标准在使用过程中都可能背离它的设计初衷，评估影响力的初衷以及所使用的学习基础架构，与评估标准一样，都是保障影响力评估成功的核心。

以下两个步骤可以帮助企业设计有效的影响力评估系统。

① 创建学习基础架构，即有效的学习和激励参与的流程，来辅助评估影响力。

② 从系统视角来评估对整个系统（组织、行业、社会及整个自然界）产生的影响力。

图4.1概述了基于学习基础架构和系统视角的四种影响力评估方法。这些方法可以结合使用。

图4.1描述了在影响力衡量过程中，将学习基础架构与系统视角相结合的选项。传统影响力指标能够识别那些可量化的评估影响力的变量。沿着横坐标从左到右，表明指标与学习基础架构的结合更加紧密。关于这种结合紧密度的一个例子是，人们使用影响力指标理解数据时，有多少发挥的空间。

沿着纵坐标从低往高表示需要从单一视角向系统视角转变。系统内部是相互关联的，这就要求我们从宏观视角确定影响力衡量指标。从系统视角制定指标，我们需要对系统进行定义和识别，并理解系统中的反馈循环。右上角区域代表将两个维度结合起来，产生了具有系统视角的学习基础架构。在基于数据分析的学习过程中，既输出了评估影响力指标的数据，又将代表整个生态体系的利益相关者的情况包含在了整个过程中。

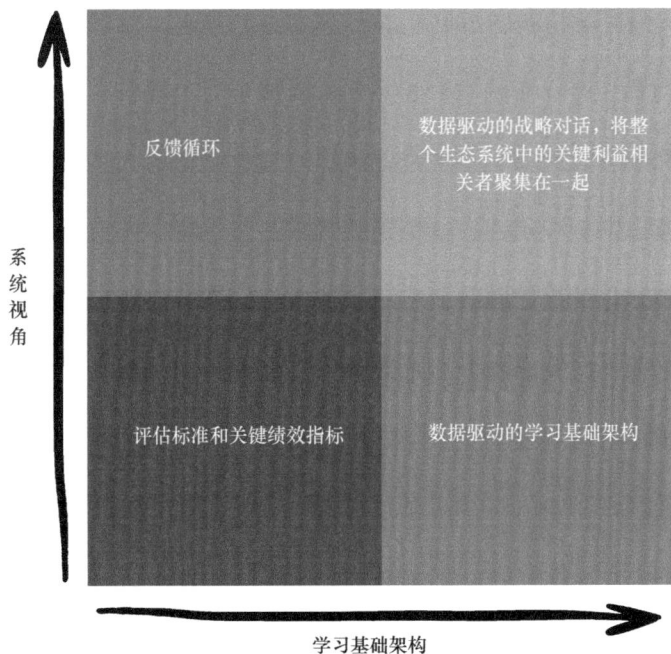

图 4.1　整合了学习基础架构和系统视角的影响力评估方法

4.2 节将更详细地探讨学习基础架构和系统视角，这些是有效的影响力评估系统很重要的组成部分。

4.2 为理解影响力而开发的学习基础架构

一份影响力报告放在了总经理的办公桌上。总经理并没有将报告搁置一旁，而是邀请相关的团队成员讨论报告中的数据，并反思和学习。例如，共益企业组织由经过认证的有社会责任感和环保意识的企业组成，这个组织利用认证过程中的数据为其成员提供定制化的反馈报告。有了这些数据，在学习过程中组织成员就可以开展有关影响力的对话和交流。德国 GLS 银行根据共益企业组织的报告对改善企业影响力的可能性进行评估，与其客户展开对话。

组织在其任何层面跨越组织边界都可以创建学习基础架构，甚至在社会层面也是如此。无论是团队讨论、领导层团建，还是企业为客户出具反馈报告，利用影响力数据来建立学习基础架构的方式都有很多，这些学习基础架构的质量一定要够高，才能保证学习效果良好。仅仅是一群人坐在一起讨论是不够的。一个学习基础架构做得是否成功，要看整个过程是否有足够多的倾听与反馈，主因是开放式的讨论能鼓励更多人主动参与其中。否则，参与者的想法在讨论结束后并不会有什么改变。

在与团队合作的时候，我们通常会建议使用一种简单的方法来评估学习基础架构的质量。比如，你没有学到任何新的东西，那么大概率说明你没有认真听。整个学习过程的质量很大程度上取决于在这个过程中你听讲的认真程度。

还有一个评估影响力数据的关键因素是采用系统视角。通过从系统角度观察影响力数据可得出一个在学习理论中被称为双环学习①的概念。当第二个环路被插入学习过程的时候，就形成了所谓的双环学习，这个环路要求学员去观察学习过程本身。下面通过一个例子来讲解。

德国 GLS 银行所关注的一个领域是可再生能源。在开始一个

---

① 双环学习：以对问题本质的反思开始，以开放的质疑与讨论作为过程，通过克服"习惯性防卫"造成的认知障碍，从战略层面对现有问题进行反思，从而取得根本性改善。

新的影响力评估流程时，银行所关心的问题是，其在新能源领域的投资是否有能力引导德国整体能源产业转向新能源领域。尽管这个领域的投资一直保持增长态势并取得了一定的成效，但这个问题的答案还不算明朗。所以，GLS 银行描绘了他们关于德国可再生能源的愿景，并提出了实现这个愿景所需要的步骤和必要的改变。GLS 银行还必须评估其投资与整个可再生能源领域的发展目标是否契合。衡量可再生能源领域的贷款数量采取的是单环方式，而预测影响力未来的变革并定制相应的贷款产品是一个典型的双环学习过程——既评估贷款产品，也评估贷款对整个系统所产生的影响。

用系统视角构建起来的双环学习基础架构，首先会对数据进行分析，然后鼓励参与者们在系统影响力、阻碍系统变化的因素以及系统内部因素的相互依赖性等话题上展开对话。这里所说的系统，指的是某个类似可再生能源的领域，或者某个客户群体，也可以是更广泛的社会。

系统视角往往不只是需要分析工具这么简单。如果现有的意见无法代表整个系统，那么我们在采用系统视角时，其中本该有的代表其他意见的视角会缺失。让所有相关的意见得到表达是非常重要的。在麻省理工学院的社区创新者实验室中，这个过程被称为"边缘创新"。被边缘化的意见往往比系统主流的意见更清楚地揭示系统在哪里有缺陷。我们在创新的时候一直在使用这个概念，比如以客户为中心的设计，就要求创新者们站在极端客户以及处在系统边缘的客户的立场，来寻找创新的机会。

4.3 为什么要把利益相关者引入学习基础架构

想要从系统视角理解什么是有影响力的企业，可以邀请利益相关者进入系统。孟加拉国 BRAC 银行的沙默兰·阿比德介绍了 BRAC 银行如何超越小额信贷机构，为极端贫困人口设计一个贷款项目。

如果你关注过 20 世纪 80 年代和 90 年代小额信贷的发展，应该知道大部分跟我们一样的小额信贷机构声称自

己是为最贫困的人群服务的。像 BRAC 银行这样的机构花
了相当长的时间才弄清楚，由于种种原因，那类最贫穷
的、最困难的人群其实是没有被帮助到的。因为这类人群
在社区中几乎是隐身的，小额信贷机构几乎无法接触到他
们。社区甚至也不把他们当自己人看，因为他们太穷了。
当发现这一现象后，我们意识到仅仅依靠传统小额信贷是
无法把这些人从极端的贫困中解救出来的。所以我们在
2002 年开发了一个全新的模型和项目。现在这个项目在孟
加拉国的规模已经扩大了很多，从一开始在试点区域开
展，发展到在世界上很多其他区域开展。这是一个为期两
年的项目，我们还努力整合了更多的重要元素，包括社会
保障、金融服务以及日常生活等。它不仅仅是一个金融服
务项目，还是一个基于财政拨款的资产配置项目。项目进
行期间的工作强度非常高。尽管项目的运营过程很复杂，
但如果完成得好，结果会非常喜人。在两年的时间里，如
果完成得好并且干预得当，绝大部分参与这个项目的人将

会成功脱贫，他们中的部分人将有能力使用更加商业化的小额贷款业务。

阿比德告诉我们想要与赤贫人群建立联系就需要像 BRAC 银行那样突破传统小额贷款的框架限制。通过直接与赤贫人群建立联系，BRAC 银行有机会更好地去了解他们的日常生活，并开发更多能够帮助他们的项目。

Vancity 信用合作社推出其公平速贷项目作为发薪日贷款的替代方案时，也有类似的过程。阿卡纳·安纳塔那拉扬（Archana Ananthanarayan）介绍了如何通过其成员的经历使 Vancity 信用合作社开发出具有预期影响力的金融产品。

为了开发公平速贷，我们使用了一套以客户为中心的设计流程。这意味着我们切身实地站在使用发薪日贷款的客户的立场去了解他们的真实需求，跟他们一起创造公平速贷产品。我们意外发现有很多人在使用发薪日贷款时会觉得很尴尬，非常不希望被别人知道。我们了解到有客户专门去其他城市申请发薪日贷款，这样他的邻居就不会知道这件事。有些客户会在家人都睡着之后的深夜，去找他的放贷人。所以我们决定开发可在线上使用的公平速贷产品，让我们的客户可以随时随地申请。

4.4　纳入系统视角

将系统视角纳入影响力评估，可以为影响力评估机制的成功添砖加瓦。纳入系统视角的重要依据是它可以帮助企业避免意外的负面效应或消极影响。例如，为了减少二氧化碳的排放提高汽油价格，以减少汽车的使用，有可能对缺少其他交通方式的人产生不合理的影响。即使一项干预政策的出发点是好的，也有可能产生负面影响。

系统思维的概念在这种情况下就起作用了。1972 年，一群麻省理工学院的研究人员发表了报告《增长的极限》，向大众介绍了系统思维的概念。为了全面分析经济行为的影响力，该报告从系统视角来分析整个世界的环境状况，并确定了对地球未来产生影响的特定因素。该报告还提出了"引爆点"的概念，作者将其定义为"在复杂系统（组织、经济体、生物体、城市和生态系统）中的一些地方，一件事的微小变化就能对整体产生巨大的影响"。

该报告还描述了存在延迟的反馈循环是如何影响系统的。例如，我的行为在时间（或空间）上与影响发生的时间（或空间）相差较大（或相去甚远）。一个具体的例子是，今天我开着旧柴油车在剑桥的街道上行驶污染了空气，我身后骑自行车的人可以感受到这种影响（空间距离），我的子孙也会因为累积的空气污染而受到影响（时间距离）。但是此时此刻我无法看到或感受到我的这种行为所产生的影响力，所以我必须停下来去亲身经历和反思，并从更宏观的角度分析我的行为，才能从整体的角度理解我的行为如何影响他人和整个系统。

系统思维会影响我们理解自然、社会和组织的方式，并促进开发工具的改进和方法的发展，让我们更好地理解和应对系统的复杂性。

我们可以将复杂性概括为三种：

① 动态复杂性（时间和空间的反馈延迟）；

②社会复杂性（不同的利益相关方、利益模型及心理模型）；

③新兴复杂性（具有颠覆性的变化）。

1. 动态复杂性

动态复杂性描述了在因果之间的延迟反馈回路。某个行为所产生的影响在时间和空间维度上存在延迟，导致人在变化中往往不会感受到自身行为所产生的影响，或者说不会马上感受到影响。一个完整的系统分析能够抓取各种影响系统内部动态的反馈回路。举个例子，汽车的碳排放会对骑自行车的人及孩子存在诱发哮喘病的影响，完整的系统分析不会漏掉这一点。无论是对个人、团体、组织机构，还是对地区、全球，或者是对行业、社会，这种分析方式都适用。《增长的极限》将系统分析应用到环境问题领域。彼得·圣吉（Peter Senge）在他的畅销书《第五项修炼》中介绍了如何使用系统思维的方式领导组织，还介绍了系统思维在很多不同的领域，如对抗气候变化是如何应用的。

为了理解系统的复杂性，仅仅了解描述因果之间延迟反馈回路的动态复杂性是远远不够的。社会复杂性是很多银行都要面对和处理的，例如银行为了产生更多影响而与不同的利益相关者进行合作。哈佛大学的克里斯·阿吉里斯（Chris Argyris）教授在心理模型的帮助下，展示了如何应对社会复杂性。心理模型展示了我们如何进行思考，以及在对周围世界进行分析的背后，使用了什么样的思维框架与基础概念。与客户见面的时候，对于对方的行为或者自己的目的，我们都通过自己的逻辑框架进行理解。心理模型可以在个人层面影响我们，而在团队、组织以及社会层面，就需要根据影响整个集体对世界认知的心理模型、概念和逻辑框架去运作。我们对经济、难民以及气候变化的思考方式，影响了我们的行为和合作方式。为了进行意义更加深刻的创新和改变，我们需要知道使用什么样的心理模型来理解周围的世界，如果有必要，我们需要改变对现在和未来的思考方式。

2. 社会复杂性

相较于动态复杂性，用来分析社会复杂性的工具是不一样的。

面对社会复杂性，我们需要具备自我反省的能力，以及倾听和参与对话的能力。为了让利益相关方能做到这些，就需要一些所谓的社交技巧。社交技巧指的是能提高社交互动质量的能力、工具及程序。我们都使用过社交技巧，比如在协调会议或者引导对话的时候。

我们在职业生涯的大部分时间都在与变革打交道，我们相信社交技巧对大多数干预措施成功与否有决定性的影响。位于马萨诸塞州剑桥市的非营利组织 Presencing Institute 与世界各地约 50 名从业者合作，通过消除障碍和改变心理模式来帮助人们发掘自身潜在的社交技巧。

3. 新兴复杂性

第三种类型的复杂性被冠上新兴，因为它涉及颠覆性的变化，而且在近几年变得与我们的生活更加息息相关。当未来与过去的差异越来越大的时候，新兴复杂性得到的关注就越来越多。当颠覆性的变化发生的时候，许多在以前能够帮助我们的经验、学识、工具以及能力不再有用了。在当下我们遇到挑战的时候，它们甚至会起到反作用。新兴复杂性领域的著名思想家奥托·沙尔默已经发表了关于自然流现的概念，以及被他称为 U 形理论的思维架构，让人们和组织在面对颠覆性变化时能利用合适的工具和程序进行学习。U 形理论鼓励我们学习，让我们有能力去引领新兴的未来。

若要建立能够整合系统分析的影响力评估机制，解决如何应对这三种复杂性的问题仅仅是个开始。

4.5　提升影响力的四种策略

学习基础架构和系统视角是对公平银行策略影响力进行有效评估的基石。一家银行可以通过不同方式制定策略来扩大其自身影响力。一名来自曾经与我们合作的银行的信贷员，从该银行是公平银行业主导者的角度提出了以下问题："如果美国银行决定改用 100% 可再生纸，减少的二氧化碳排放量会比我们所有的可再生能源项目更多吗？"作为行业主导者，公平银行必须想清楚应该把它们的资源使用在哪里以及如何使用，才能产生最大的影响力。

为了使影响力最大化，公平银行必须根据其所在区域（大环境）的需求去制定相应的策略。正如我们看到的，有四种针对不同复杂程度的选项（见图 4.2）。

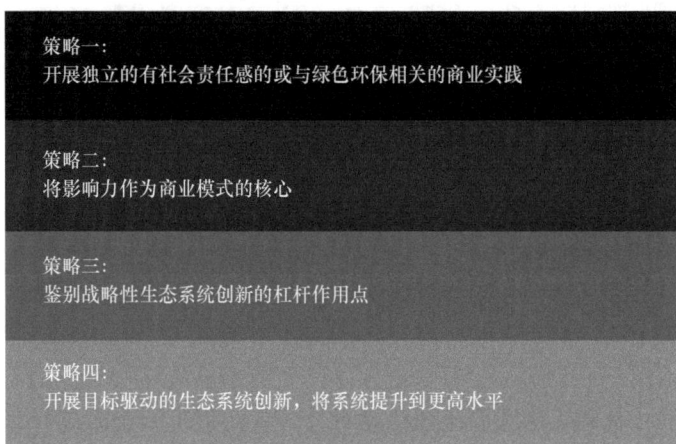

策略一：
开展独立的有社会责任感的或与绿色环保相关的商业实践

策略二：
将影响力作为商业模式的核心

策略三：
鉴别战略性生态系统创新的杠杆作用点

策略四：
开展目标驱动的生态系统创新，将系统提升到更高水平

图 4.2 四种影响力策略

1. 策略一：开展独立的有社会责任感的或与绿色环保相关的商业实践

大型金融企业改用再生纸就是典型的企业对社会责任和绿色环

保意识的独立探索。该策略可以由企业的社会责任部门实施，但是银行并不会在企业核心业务运营中把社会责任及环境影响作为关键的评判标准。这种探索的目的可能是提升品牌效应，激励员工参与，遵守利益相关方的要求，或者是在绿色环保产品领域获取新的商业机会。这种商业实践并不是企业的核心业务，它仍然独立于核心业务，尽管这种项目对社会和环境有正面的影响。

2. 策略二：将影响力作为商业模式的核心

当一项策略可以对商业模式的核心产生积极影响，那么企业品牌、客户关系以及企业盈利能力都会依赖于这项策略。这项策略中所包含的活动需要通过企业内部架构、组织流程以及领导层推进，并且活动的目的要与企业的整体目标一致。这项策略让公平银行业的主导者从市场中脱颖而出，尽管并不是所有银行都百分之百地有社会责任感或者环保意识，但是这样的差异总是难免的。

为了保证不偏离主要目标，很多银行都会设定企业的行为标准和流程底线。举例来说，一些公平银行在投资时会遵循下面的程序。

第一步：设定最低标准。对所有企业都根据最低标准进行评估。这些公平银行不会接受的企业行为包括赌博、武器制造等，与此相关的淘汰标准包括违反劳动法以及贪污腐败等行为。

第二步：一家企业有至少50%的利润来自可持续发展的活动，才有资格被这些公平银行考虑投资。

第三步：如果一家企业没有满足第二步的要求，但是被鉴定为"行业最佳"，这些公平银行将会对它进行进一步评估，它仍然有可能获得投资。为了评估这方面的潜力，银行将会对这家企业进行包含70多项标准的更加具体的评估。

这三个步骤的实施为公平银行的投资创造了契机，使其影响力在其商业模式中举足轻重。

3. 策略三：鉴别战略性生态系统创新的杠杆作用点

公平银行在其经营的市场中属于主导者，必须明确如何利用其影响力。其中一些组织采用了战略性生态系统创新策略。这一策略要求识别并关注系统中的杠杆作用点。这个杠杆作用点可以是改变行业的创新、进入新市场的企业家，也可以是社区发展的缺失元素。回答以下问题对发现杠杆作用点会很有帮助。

① 谁是市场中的创新者？

② 系统中缺少哪些元素，例如价值链、市场？

③ 谁在战略方面扮演重要的角色？

德国 GLS 银行资助了第一批在柏林施普雷河上运送游客的太阳能电动船。德国 GLS 银行决定通过资助一家提供可再生能源解决方案的公司，支持这个在德国首都快速发展的行业。德国 GLS 银行的可持续发展经济主管安德烈·迈耶（Andre Meyer）这样评论这项投资决定："我们知道这个项目在行业内是没有先例的，我们想证明太阳能电动船是可行的。我们的目标是让我们国家的所有船舶在数年内实现零排放。我们欢迎竞争对手加入并支持这种清洁的交通方式。市场空间已经足够大，必须迅速进行改变。"

这一决定背后的影响力策略就是去鉴别这家企业能否改变整个

行业的运行模式，在这个案例中，就是能否对航运业产生足够大的影响。这个项目并不是为了竞争，恰恰相反，它是为了让市场中的其他企业参与进来，大家共同发展。这种策略就是战略性生态系统创新。

战略性生态系统创新策略的实施需要整合以下步骤。

第一步：从系统视角理解行业中的挑战。

第二步：确定变革的杠杆作用点，并找到系统中可干预的关键点。

第三步：从系统操作者的角度制定解决方案（例如面对想改变的贷款客户时），然后将改善其生活作为沟通的指导原则。

第四步：从让银行和客户的经济都可持续发展的角度去制定解决方案。

4. 策略四：开展目标驱动的生态系统创新，将系统提升到更高水平

尽管鉴别出系统中的杠杆作用点可以扩大影响力，但是目标驱

动策略还要求银行的角色变得更多元化，以便于让银行成为生态系统中更活跃的参与者。

总部位于蒙古国首都乌兰巴托的萨克银行（XacBank），肩负着为大多数被边缘化的蒙古国公民提供无障碍透明金融服务的任务。乌兰巴托是世界上最寒冷的首都，在秋季、冬季和春季，气温普遍会降到零下 30 摄氏度以下，同时乌兰巴托也是世界上污染最严重的城市之一。尽管如此，这个拥有 140 万人口的城市仍有 80 多万居民住在蒙古包里，那是一种传统游牧民居住的毛毡帐篷。蒙古包所在的区域通常较为贫困，并且缺乏水电和其他基础设施。这些区域的居民通常只能通过烧无法充分燃烧的煤为帐篷供暖。这会导致两个主要的问题：取暖费用往往占家庭年收入的很大一部分，而烧煤取暖又成了城市空气高度污染的主要原因。

对蒙古包区域的居民来说，节能的炉具和其他保温用品（如毯子和门套）是非常昂贵的。萨克银行意识到人们需要更好、更实惠的供暖方式，于是在乌兰巴托的蒙古包区域建立了一个由产品中心组成的网络。这些产品中心与千年挑战公司（Millennium Challenge

Corporation）和蒙古国清洁空气基金（Clean Air Fund of Mongolia）合作，销售有补贴的节能清洁取暖器。通过这些产品中心，银行为购买节能产品的人提供小额贷款服务。这些节能消费贷款是专为低收入人群设计的，为他们提供低利率、灵活还款和低抵押要求等便利。在供应商方面，萨克银行也为生产节能产品的中小型企业提供贷款。

除了建立产品中心网络和提供节能消费贷款，萨克银行还与社会企业微能源信贷公司（Micro-Energy Credits）合作，计算和监测其销售的产品对减少碳排放的直接影响。微能源信贷公司从萨克银行购买碳排放额度，并在主流碳交易市场上进行销售。萨克银行再使用这些交易资金来进一步资助和发展其生态银行项目。

这个案例向我们展示了目标驱动生态系统创新的概念。其出发点与策略三相似，也是要了解整个系统和变革的杠杆作用点，但它并没有止步于此。萨克银行协调了系统中的各方参与者并与之建立协作关系，来共同制定一套对彼此均有效的解决方案，在这个案例中就是为了解决蒙古包供暖系统的低效问题。仅仅提供贷款产品并不能解决所有问题，萨克银行必须与利益相关方广泛合作来一起制定解决方案。

要想参与目标驱动的生态系统创新，需要做到以下几步。

第一步：从系统视角理解面临的挑战。

第二步：鉴别出变革的杠杆作用点。

第三步：从客户的角度制定解决方案，以提高其生活质量。

第四步：找到制定解决方案所涉及的利益相关方。

第五步：协调利益相关方，以制定一个对所有参与者都有益的合作解决方案。

这种扩大影响力的策略要求银行具备更多能力，包括协调利益相关方进行合作的能力。我们再通过一个例子来更深入地了解当采用目标驱动的生态系统影响力策略时可能需要的各方参与程度。

Verity 信用合作社加入了西雅图南部的奥赛罗（Othello）广场项目。奥赛罗是一片拥有大量难民、人群高度多元化的区域，居住在那里的很多人是为了逃避西雅图中部高昂的住房费用。该项目是由加入项目所在社区非营利组织的 Verity 员工发起的，员工的参与可以将信用合作社与居住在那里的居民联系起来。基于这些联系，Verity 决定采取进一步的行动全面参与这个项目。西雅图奥赛罗轻轨站旁边有一块属于社区的土地，本来要被改造成一个多功能商业中心。利益相关方经过两年多的例行会议、论坛和研讨会磋商，奥赛罗广场项目得以启动。原本的规划目标包括集合高性价比的零售商业、早教中心、高级中学、商业孵化器、合作经营的混合收入住房、健康诊所以及多元文化中心。这个项目的目标是使奥赛罗成为一个经济和文化中心，能够为居民提供超过 350 个工作岗位，以及健康护理、教育和可能的所有权等福利。从项目一开始发起，Verity 信用合作社的社区关系总监维维安·巴伦西亚（Vivian Valencia）就会参加每周一次的社区会议，以便能更好地理解信用合作社如何满足社区的需求。巴伦西亚的持续参与让社区和 Verity 信用合作社之间的联系更为紧密。十几家合作伙伴加入了这个项目，包括西雅图市和国王郡的政府、多元文化社区联盟以及代表西雅图儿童医院的奥代萨·布朗（Odessa Brown）儿童诊所。Verity 信用合作社在经济适用房合作中成为受欢迎的首选贷款人，并计划在合作社的四座大楼中再开设一个新的网点。

这个目标驱动的生态系统创新策略的案例，向我们展示了要让这个策略落地所需的合作程度。建立有效合作所需的信任关系，需要个体的投入以及有可靠的、值得信赖的合作伙伴。

4.6　评估影响力的可靠方法

一旦制定了影响力策略，银行就需要弄清楚如何评估影响力。随着影响力金融的重要性不断提高，可靠的评估方法也越来越多。很多评估系统、报告系统和影响力标准方面的启发性案例，包括影响力报告和投资标准（Impact Reporting and Investment Standards，IRIS）、国际综合报告（International Integrated Reporting，IIR）框架、可持续发展会计准则委员会（Sustainable Accounting Standards Board，SASB）和全球报告倡议组织（Global Reporting Initiative，GRI）等，都可以用来评估影响力，并支持对结果排序。

4.7 了解组织层面的影响力：德国 GLS 银行

许多银行根据自己的规模和文化，开发了与自身影响力策略匹配的工具和方法。德国 GLS 银行正在尝试开发自己的影响力综合评估系统，目的是引导银行获得系统性影响力。这个案例之所以能够在组织层面的影响力评估领域凸显出来，是因为它把评估工具与系统性问题联系了起来，这些系统性问题包括"我们对社会的愿景是什么""我们想要创造的未来是什么样的"等。回答这些问题，可以让银行深入想要关注的不同领域，例如可再生能源、教育和食品。

以可再生能源为例，德国 GLS 银行制定并描述了其关于可再生能源领域的愿景，并对这个行业做了研究。负责该领域的信贷员、行业客户以及银行的领导层进行了对话。这个愿景可以概括如下：

① 发展德国的可再生能源产业；

② 把可再生能源与人们的生活联系起来；

③ 在产业内去中心化；

④ 保证参与者的多样性；

⑤ 支持高效创新的技术。

以愿景作为起点，每一项技术的影响力评估工具都变得更加具体。对于每项技术，银行都根据其系统愿景进行定义，并提出影响力指标来计算对这一愿景的贡献。所有利益相关方都可以质疑和参与讨论，一起评估每个指标的贡献度、相关性以及计算方法的细节，以找到实现这个系统愿景的杠杆作用点。系统变革的案例有助于把金融活动和社会辩论的发展引导到创造最大影响力所需要的方向。

这个紧密的评估流程有两个目的：

① 保证银行有系统性的社会影响力；

② 让组织内部的各个层级都参与进来，从信贷员到客户再到内外部专家。

评估工作由银行的一个内部团队承担，由其负责与不同的利益相关方进行沟通。理想情况下，所有层面都有一个持续的学习过程，并更好地了解对可再生能源的投资是否产生影响以及如何影响（如果有）整个部门。这种影响力评估也帮助客户去优化他们自己的工作实践，让他们去思考银行提出的问题：从系统视角来看，把德国转向能源消耗以可再生能源为主最需要的是什么？

德国 GLS 银行的案例向我们展示了评估影响力与建立学习基础架构是如何携手并进的，以及系统视角是如何促进影响力评估的。

4.8　认证与合作

除了在单一组织层面进行评估，跨组织的影响力评估工具也已经投入使用。共益企业认证程序就是其中一个例子。共益企业是被认证为能平衡目标与利润的企业。今天，全世界有超过三千家企业被认证为共益企业，认证过程由非营利组织共益实验室 B Lab 组织。共益实验室会对企业在社会责任和环境保护方面的表现进行评估，并根据企业规模和所属行业进行相应的调整。认证评估流程一般遵循以下步骤。

第一步：问卷调查。申请共益企业认证的企业需要先完成一份自我评估问卷调查，内容涵盖管理、员工、环境和客户等方面，完成后将问卷发送给共益实验室。

第二步：审查支持性文件。如果问卷调查的结果被共益实验室接受，则申请人需要提交其他评审所需要的支持性文件供审查。

第三步：访谈。共益实验室的成员将基于前两步的情况，对申请企业进行访谈。

第四步：背景调查。共益实验室需要对企业进行背景调查，以确认其申请信息是否真实。

一旦获得认证，企业就会被列入共益企业名录，并被允许使用共益企业的称号。新认证的共益企业需要缴纳年费并签署一份"企业向善"的声明。获得认证的共益企业还需要承诺修改其制度文件，将其承诺内容告知所有利益相关方。在取得认证后，共益企业会收到一份基于评估结果的定制化改进计划。

共益企业认证程序是一个综合性的工具，通过使用认证过程中收集到的数据，企业进行反思和改进，并形成一套提升机制。共益企业认证最看重的并不是改变单一企业的影响力策略，而是希望能够促进企业在社会责任和绿色环保方面进行实践。这项认证让其成员们在市场上辨识度更高，同时也能吸引认同其理念的客户。目前共益企业认证已经在全球范围内取得了成功。

在金融领域，全球价值观银行联盟（Global Alliance for Banking on Values，GABV）的计分卡是另一种评估工具。GABV 在世界各地拥有 60 多个银行成员，这些成员将金融作为应对社会挑战的工具。联盟开发了一个计分卡，让其成员根据价值导向的银行业务原则进行自我评估。评估标准包括：

① 以客户为中心的经营方式；

② 三重底线；

③ 公开透明；

④ 更倾向支持实体经济（无投机性金融产品）；

⑤ 长期抗风险能力。

GABV 开发计分卡是为了对银行业机构进行监管，这个自我评估工具的每个部分都包含不同的定量和定性元素。这个计分卡能让联盟成员对自己的影响力进行评测，并通过跟踪一段时间内的进展对自己的工作进行提升。与共益企业类似，GABV 的目标也是提升系统性的影响力。

4.9 了解社会层面的影响力

最后，让我们来看看衡量社会经济发展最被人熟知的标准——国内生产总值（GDP）。GDP 是一个国家或地区所有常住单位在一定时期内生产活动的全部最终成果。在 1944 年的布雷顿森林会议上，GDP 成为对经济进行衡量、排名和比较的标准。经济学家西蒙·库兹涅茨（Simon Kuznets）曾警告说，GDP 不应被用作衡量经济是否成功的关键指标。

对 GDP 使用的质疑内容主要包括以下几个方面。

① GDP 只衡量数量，不衡量质量。

② GDP 忽略了没有报酬的工作，例如照顾家人。

③ GDP 默认越大越好，这种增长概念在气候危机的背景下会产生反作用。

④ GDP 不能反映生活质量。

作为衡量标准，GDP 有什么替代方案吗?

从 20 世纪 90 年代开始，我们尝试使用角度更宏观的影响力衡量系统作为指标，去反映社会发展的质量。联合国开发计划署（UNDP）发布了人类发展指数来衡量生活质量，衡量标准包括预期寿命、成人识字率以及收入水平。联合国可持续发展解决方案网络发布年度全球幸福报告指数对社会保障水平、预期寿命、信任程度、包容程度以及收入水平等因素进行了排名。经济合作与发展组织（OECD）发布的幸福指数，基于被该组织认为的对生活质量至关重要的因素进行比较，这些因素包括住房、社区、健康以及环境情况。联合国在 2015 年通过了十七项可持续发展目标（Sustainable Development Goals，SDGs），号召全世界一起行动起来结束贫困，保护地球，在 2030 年之前走上可持续发展道路。

回到我们的初衷，影响力指标的应用需要一个能够引入这些指标、评估行为并且有调整空间的学习基础架构。这样的学习基础架构可以被应用在个人和组织层面，也可以应用在区域和全球层面。一个组织所使用的指标反映了什么是它认为需要重点衡量的。目前，对于 GDP 的使用反映了我们对经济的思考方式，改变衡量指标就要求我们改变对经济发展和社会福祉的思考。

4.10　学会理解影响力

理解影响力与创造影响力相辅相成。如果对复杂的事物使用简单的衡量指标，那么影响力衡量系统就会变得过于简单化。但是我们需要通过简化指标来提取共同点，以便能及时地衡量差异。指标往往（也仅仅）用来对复杂现实世界进行简单化的衡量。所以我们要保持对现实复杂性的认识，并清晰地了解我们选择的指标背后的假设情况。

深入了解什么细节产生了影响力是非常必要的。比如，通过与社区成员、企业家或信贷员沟通去了解一款具体的信贷产品或一个客户。我们还需要从更宏观的视角，采取双循环学习的方式，系统地观察当下的情况。我们不能只看到工作的一部分，就觉得了解了我们工作整体的影响力。影响力评估是一项需要我们去深入分析、验证假设、实事求是、立足于基本盘的工作。

Ego- System, Ecosystem

第5章　从自我系统金融到
　　　　生态系统金融

我们目前面对前所未有的颠覆性挑战。社区不平等和边缘化破坏着社会结构，气候变化威胁着人类的生存。我们现行的方法已经不再有效，我们需要新的解决方法。根据2019年美国联邦储备委员会公布的报告，十分之四的美国人在发生紧急情况时无法拿出400美元的现金储备。根据《福布斯》2019年的报道，世界上最富有的十个亿万富翁拥有7450亿美元的财富，这个数字超过了许多国家每年生产的商品和提供的服务的总值。超过一百万种动植物濒临灭绝，其中多达30%～50%的物种可能在21世纪中期走向灭绝。气候变化已然演变为气候危机。

汉斯·约阿希姆·谢尔胡伯（Hans Joachim Schellnhuber）是德国大气物理学家、气候学家和德国波茨坦气候影响研究所的创始理事，早在20世纪70年代他就将气候变化确定为对全球的威胁，是最早意识到气候变化的危害的人之一。在与银行家的一次会面中，他认为如果没有金融机构的支持，气候危机就无法解决。我们相信，为应对社会所面临的一些颠覆性挑战，他的这个观点是正确的。银行将决定我们的未来，如果金融机构没有变革，我们将无法找到解决问题的方案，也无法为解决问题提供资金支持。

　　本书对金融系统中那些成功把盈利能力与积极社会影响力融为一体的创新者们进行了深入研究。我们生活在一个崇尚利益最大化的经济模式下，公平银行的逻辑对这种模式提出了挑战。尽管这种新理念与主流理念相悖，但我们可以看到，注重社会影响力的产品市场呈现出增长的态势。不仅是银行，越来越多的消费者和组织似乎都趋向于认同这个观点——社会和气候危机不能仅仅依靠政府和非营利组织来解决。我们以何种方式将钱花到哪里是非常重要的。这种商业和社会责任的融合不仅仅存在于金融领域，企业也逐渐将应对诸如气候变化及发展不平等之类的问题纳入职责范畴。

5.1　企业与社会的关系

　　面对上述危机，企业在社会中的角色、企业与社会之间的关系，都可能处于变革的边缘。很多问题是由企业自身的经济架构造成的，单单让政府及非营利组织去解决并不合适。如今我们面临的挑战同样需要私营企业积极帮助。

2019 年 8 月，181 位美国重要企业的 CEO（首席执行官）发表了一份联合声明，明确指出企业提供服务的目标对象不仅是股东们，也包括其他的利益相关者，包括客户、雇员、供应商，以及相关的社会团体。该声明是现状下的一个标志性飞跃。《经济学人》杂志在评论该声明时，认为其反映了主流观点：商业的本质是竞争，而不是解决社会问题。该声明提到社会上拥有大企业股份的比例很小，因此质疑美国大企业的 CEO 们是否有权决定需要解决哪些社会问题，以及他们应该对谁负责。CEO 们认为值得去做的事业可能并不能反映社会需求，而只能反映他们发展自身业务的需要。《经济学人》杂志的一些作者认为，企业已经通过提供商品、服务以及工作岗位为社会作出了贡献。这是一个有说服力的观点：企业不能用无视市场的方式决定哪类事业应该被优先考虑。尽管如此，我们不能错过利用企业家的力量来完成积极变革的机会。这将是任何长期解决方案的关键因素。《经济学人》杂志提出了一个重要的问题，我们不应该关闭企业将注意力从"追求股东财富最大化"转移的大门，而是应该提出新的论题，其中很多问题已经在本书中有过讨论。至少企业应该了解其产生的影响并为之负责，更重要的是，企业这样做可以帮助我们寻找解决社会问题的创新性方法，并围绕这些方法创建商业案例。这就是公平银行和有影响力意识（impact awareness）的企业应该做的事情。

5.2　让整体进行系统的转变

1. 从生态系统角度进行创新

20 世纪 70 年代末气候变化问题引起重视，随后的切尔诺贝利事故又暴露了核能风险。在这个时代背景下，德国 GLS 银行开始研发为可再生能源领域创造投资机会的金融产品。这个想法在如今已经成为主流。Southern Bancorp 是一家社区发展金融机构，为美国密西西比河三角洲的当地企业提供创新金融解决方案，以增加当地就业机会；加拿大温哥华的 Vancity 信用合作社则以用户为中心，开发了一种金融产品，帮助其低收入成员摆脱发薪日贷款的恶性循环。公平银行正在对银行业务模式进行本质性的改变，即实现对影响力认知从无到有的过程，并展示了如何将应对社会挑战作为建立商业模式的起点。

越来越多的企业开始将影响力意识融入业务运营。关于企业作用和经济体系影响的公开辩论呈现增长态势，关于重新思考资本主义和新经济等主题的出版物、会议和演讲的数量也呈现这一趋势。

2. 从自我系统意识到生态系统意识

经济体系随着时间的推移不断变化。自由市场体系下，新的自由性引发了市场活动的爆炸性增长，但阴暗的一面仍然存在，如对劳动力的剥削、对环境的破坏等，在经济学理论中，这些负面影响被称为自由市场体系的负外部效应。

当利益相关者开始围绕应对这些负外部效应抱团时，围绕劳工问题的第三种合作形式——利益相关者团体出现了。这类团体推动解决社会和环境问题，并反抗不断增长的有阻碍的商业力量。欧洲的经济模式已经在这种受监管的市场机制中固化下来。

公平银行与经济体系中其他领域的一些企业联合引入了第四种逻辑，即生态系统意识的逻辑。消除或缓解自由市场体系负外部效应，只能通过复杂的利益相关者谈判或政府干预来解决。社会企业和公平银行已经认识到这一局限性，并致力于建立能够同时解决社会挑战并保证自身财务持续性的商业创新成果。当公平银行把产生积极的社会影响作为自己的商业目标时，它们就不再符合利润最大化的主流经济模式了。第四种逻辑包含了一个意识上的转变，从只关注企业本身（自我系统意识）到关注企业运营所处的生态系统。这个生态系统可以是银行服务的社区，也可以是能应对气候变化的社会。这也需要非政府组织、政府和企业之间建立新的合作关系。虽然前三种模式囊括了现有的经济模式，但我们认为，第四种模式，即生态系统经济模式正在出现，而公平银行正是其中的一部分。

我们将经济体系的演变划分为四类主要的合作机制。尽管这些机制不尽相同，也不会随着时间的推移呈线性变化，但我们看到，每种新增的经济逻辑都需要新的技能和实践。表 5.1 总结了这种演变。

表 5.1　经济体系的演变

阶段	描述	范例	逻辑	优势	挑战
1.0	以国家为中心	17 世纪的欧洲	等级制度和控制	稳定	缺乏自由度
2.0	国家＋市场（两方参与，分散的市场）	工业化、自由放任主义经济、新自由主义	自我系统意识	市场和竞争	负外部效应
3.0	国家＋市场＋非政府组织（三方参与，相互冲突）	欧洲社会市场	利益相关者过程	（受负外部效应制约的）企业家精神	谈判缓慢、消息滞后
4.0	公共意识（三方参与，共同创建）	新兴的经济模式：社会企业家精神，公平银行	生态系统意识	应对社会挑战的企业解决方案	复杂性，需要新的社交技能

资料来源：奥托·沙尔默和凯特琳·考费尔，*Leading from the Emerging Future: From Ego-System to Eco-System Economies*（旧金山，Berrett-Koehler 出版社，2013）。

每种逻辑是由不同的社会、组织和个人属性支撑的。17 世纪的欧洲是通过基于权力和传统领导方式的等级制度来协调的。自由市场要求人们具备技能、能力和动力去以企业家的方式行事。欧洲社会市场需要利益相关者参与谈判，并具备相应的对话技巧。新兴的经济模式则要求人们在复杂系统运作能力的基础之上，有意识地从自我系统意识转变为生态系统意识。

3. 从自我系统金融到生态系统金融

本书中描述的公平银行并不会改变金融体系。公平银行的模式可以被推广，但不会达到改变整个金融体系的程度。公平银行所占据的市场份额太小，而占主导地位的金融参与者们又极具权威。但是，这里介绍的小众参与者们（公平银行及社会企业）正在以自身商业模式挑战金融业和银行业的传统思维，这也是在质疑金融在社会中的基本角色。他们并不满足于如《经济学人》杂志所言的，银行通过提供金融服务、创造就业机会和实现利润最大化来履行社会职责的想法。

本书中的案例为金融机构的下一次迭代提供了启示——企业从生态系统视角开展创新。在生态系统金融中，社会福祉是创新的核心驱动力之一。公平银行贡献了关于新型商业实践的经验，此外，还给出了转变金融体系的杠杆作用点。5.3 节列出了从自我系统金融到生态系统金融转变的关键。

5.3 从自我系统金融到生态系统金融转变的关键

1. 从社会视角评估金融业的成功

非金融行业的目的是提供商品和服务，而金融行业的目的是为非金融行业参与者提供金融交易的便利。在目前的经济体系中，与其他行业相比较，金融行业的规模和利润正在不成比例地增长。大量的金融产品与实体经济脱节，本质上带有投机色彩。服务者与被服务者的逻辑是颠倒的。

想要向生态系统金融转变，就需要评估金融行业是否为实体经济和更广泛的社会需求提供了有效的服务。以生态系统逻辑运作的金融机构并不以盈利能力强弱作为衡量其是否成功的唯一标准。为了评估金融行业履行社会义务的路径及成果，就需要有新的指标和监管要求，也需要对金融在社会中扮演的角色有全新的理解。

2. 采用奖励积极影响力的监管方法

如果要从整个社会的角度看待金融行业的作用，就需要在监管政策上体现出来。炒作粮食价格或做空货币的金融产品是具有破坏性的，会破坏社会的稳定。支持向生态系统金融转变的监管框架应把金融机构对社会的影响纳入其中。在新自由主义体系下，有影响力意识的小型金融机构总是难以应对未考虑机构社会影响的监管要求，而大型金融企业往往会通过施加影响去创造有利于它们的监管环境。

注重影响力的监管法规还需要以新方式思考风险管理问题。尽管监管机构已经对环境风险评估和相应的报告实践提出要求，但对影响力和风险的理解还面临着系统性挑战，需要进行会计准则和财务报告标准的创新。

3. 重新思考经济模式

目前的主流经济模式受到新自由主义的高度影响。这种经济模式在大学里被广泛教授，能够影响学术生涯及政策决定，但并没有为我们所面临的危机提供解决方案。这些危机包括环境、社会责任，而解决这些危机的任务通常被分配给政府、非政府组织和基金会。就像任何强大的体系一样，目前的经济模式通过关于盈利、增长和个人主义的心理模式来自我强化。想要摒弃这些理念，就要在从自我系统金融到生态系统金融的转变过程中发展出新的技能和操作方式，甚至是新的经济概念。如果不采用一个全新的经济模式，我们很难解决现存的问题。

在找寻新的经济模式方面一直存在着激烈的讨论，涉及的主题包括"循环经济"和"再生经济"。所有这些方法都承认有必要摆脱利润最大化和永无止境的增长模式，其中的许多方法整合了从生物发展过程和对自然界的观察中获得的新想法。公平银行从这些模式中学习，同时通过实践对这些理论进行原型设计和测试，从而发挥了重要作用。

采用生态系统视角和主动转向影响力意识需要同时进行。当企业对其影响力负责的时候，它们就开始用生态系统意识的逻辑来运作。一家小银行可能会将当地社区福利纳入生态系统，一家绿色银行可能会将能源行业纳入考量范畴。

4. 从生态系统视角创新业务运营

公平银行需要通过治理系统、运营结构和领导力将这种生态系统视角及其影响目标锚定到组织架构中。然而，具备生态系统视角的企业与传统企业的日常运作有着实质性的区别，而且往往更加复杂。为了应对这种复杂性，公平银行开展了全新的组织实践，从生态系统的角度来经营企业。当业务目标不再是利润最大化时，将如何弥补利润和衡量业绩？如何衡量和评估影响力？如何向客户和储户传达自身的影响力？如果一家公平银行想要坚定地履行使命，并将影响力作为其商业模式的核心，那么就必须找到这些问题的答案。生态系统金融以及所有具有影响力意识的企业必须重塑业务运营模式，去践行这个新的使命。

5. 评估影响力

衡量和探讨影响力对公平银行的成功至关重要。公平银行需要开发适合其商业模式和生态系统运营的影响力评估工具。例如，由生态系统视角驱动的影响力评估方法，不仅仅是衡量银行的投资对减少二氧化碳排放量的贡献有多少。生态系统视角可以引导银行询问企业如何能够积极主动地为解决气候危机作出贡献，并通过对生态系统的深入分析，寻求变革的杠杆作用点。所有影响力评估工具都应试图捕捉这种系统性影响。

影响力评估系统能否成功还取决于确定评估指标后的行动。这些指标应该由谁负责监测？应该如何讨论和解读这些指标？接下来应该采取什么行动？影响力评估需要与有效的学习基础架构相结合，为学习和思考创造结构化的空间。以上这些的相关行动可以在会议、团建，或者对话空间中发生。学习的质量取决于参与者的社交和沟通技巧，例如他们是否懂得倾听。

6. 改善货币体系，使其为社会福祉服务

货币的定义和控制权问题是关于改善现有货币体系讨论的核心。银行等金融机构是经济体系中的重要角色，因为它们负责处理所有形式的货币。经济体系通常依托于一个能有效促进货币交易的功能性金融体系。

现有的货币体系经过了几个世纪的演变，既是由经济和政治决策决定的，也是由技术和文化变迁决定的。鉴于当前金融体系的功能失调，我们可以选择等待它自行崩溃，或者主动重新思考货币体系。布雷顿森林会议等历史事件证明，设计货币体系及其管理机构是可以协商的。如今，只有类似过程能够解决当前的挑战，前提（与 1944 年布雷顿森林会议的不同）是被边缘化的意见和未来的意见都能在谈判桌上得到呈现。对现有货币体系的重新设计需要确定金融体系如何才能最好地服务于实体经济，谁应该参与讨论改革，以及需要哪些技术。

7. 开发生态系统的领导能力

我们为公平银行中的潜力大的领导人制定了领导力发展计划，其经验表明，以生态系统的视角进行领导需要独特技能。领导与管理不同，后者侧重于制定实现目标的操作方法。"领导"的一个定义是"前进"，另一个定义是"跨过一个门槛"。根据定义，领导者需要承担带领组织步入全新未知领域的责任。公平银行的领导者需要理解并传达他们做这项新工作的意义，以及为何要承担带领组织踏入这个新领域的责任。生态系统领导力意味着领导者清楚他们的个人目标，这些目标是建立在他们的个人价值观之上的。系统之间的关系是复杂且相辅相成的。生态系统领导力正是基于能够看到和感知这些系统，并从整体视角出发采取行动的能力。

8. 推进金融教育

许多与我们合作的银行向其服务的客户和地区提供金融教育。金融教育具有可能改变人生的影响力。对个人、家庭乃至地区来说，明白财务决定将如何影响未来是非常重要的。此外，与生态系统金融有关的金融教育不仅包括个人财务的内容，还包括对金融系统未来方向的公开讨论。

当今金融产品的复杂性——传播速度快、全球影响力大，以及讨论它们时使用的语言，会阻碍这种关乎金融行业目标和局限性的公开讨论。不过，有一些方法可以消除这些障碍。美国消费者金融保护局提出建议，要求美国的每份抵押贷款合同在其第一页上总结出合同所要求的所有重要决定时，遭到了强烈的反对，反对者认为抵押贷款合同的内在复杂性会使他们无法达到该要求。但该提议最终还是获得了成功。

金融教育培养了人们管理自己财务的能力，同时也打开了被称为"金融领域"的黑盒子，并开展对问责机制和信息透明度的探索。生态系统金融拿走了这个黑盒子的盖子，让大家不再处于茫然与未知中。

9. 利用数字化产生影响力

新兴的数字技术为金融的去中心化带来了希望。虽然金融数字化的最大投资者是大型银行等金融机构，但来自全球众多领域的新投资者也在持续加入。数字化改变了银行业，并将在未来几年为其带来持续的变化。

在基于生态系统的金融领域，数字化提供了大量令人振奋的全新机会。为边缘化社区设计的金融服务和资助社会创新者的平台以及其他创新，都有可能带来广泛的积极影响。尽管随着新参与者的出现，人们对银行业的数字化颠覆议论纷纷，但定义当前金融体系的基本逻辑也在很大程度上定义了数字金融创新。新技术可能会提高金融的效率和可及性，但要将数字化作为一种积极的变革力量，就需要就数字化解决方案达成全面的共识，并发展全系统的问责机制。公平银行的经验表明，技术并不直接创造解决方案，影响力是由运用技术时的潜在意图创造的。这种意图决定了解决方案的成果以及对社会的影响。这种意图需要扎根于组织的管理制度、运作和领导力中。

5.4　未来需要什么样的银行

在着手写本书时，我们想探讨公平银行的创新做法是否能为金融体系的下一次迭代提供参考。如果答案是能，又该以何种方式进行？我们希望能对未来需要什么样的银行的相关讨论作出贡献。金融行业通过做出的每一项投资决策来定义未来，金融决策描绘未来发展的蓝图。

当今社会所面临的挑战引发了许多关于金融在未来的作用、金融与社会之间关系的讨论。当前的金融体系处于不稳定且功能失调的状态，而系统理论告诉我们，不稳定的体系很难持久。政府和非政府组织无法独自解决金融和经济体系本身所造成的问题。

经济体系的下一次迭代需要以是否给所有人带来福祉来衡量其是否成功。我们相信，需要将现有体系升级至生态系统经济，着力打造一个以对社会的影响为中心、优先考虑所有人的福祉的经济体系。这意味着企业的创新必须以解决社会问题为导向。但其成败将取决于企业、政府和非营利组织之间的合作情况。

我们还远未掌握基于生态系统思维的经济体系所需的技能，也还未建立相关制度。要建立这样的体系需要拥有专业技术，并且设立相关机构。本书中的案例为我们提供了一些必要的创新的启示。

对金融行业的重新思考将是向生态系统经济过渡的前提之一。这里所描述的金融机构类型无法独自维持经济体系所需的稳定性，但它们展示了一张金融系统解决紧迫问题以后的发展蓝图。其创新成果展示了一个为社会整体服务的金融系统形象。德国 GLS 银行的创始人说："我们只能用我们想要的未来的形象来克服我们对未来的担忧。"

我们想要创造的未来已经可以预见了。

致谢

我首先要感谢戴娜·坎宁安（Dayna Cunningham)，她作为麻省理工学院社区创新者实验室（CoLab）的执行主任，鼓励并帮助我设计了麻省理工学院 edX 在线课程——公平货币：影响社会的银行业。戴娜描绘了对公平合理经济机制的宏大愿景，她努力让部分人群避免被边缘化，这些是本书写作的灵感来源。

我还要感谢奥托·沙尔默（Otto Scharmer），他是麻省理工学院斯隆管理学院的高级讲师，也是感知研究院的联合创始人。奥托颇具领导力，他对生态系统概念和框架的思考发人深省，对改造社会与自我提出了倡议，这些倡议大胆且具有开创意义。感谢奥托对未来始终抱有信心，相信每个人都将能享受经济上的服务，感谢他在促进社会转型的过程和实践中倾注心血。

感谢菲尔·汤普森（Phil Thompson），和我共同创造了麻省理工学院的 edX 在线课程。他启发了我的思考，他的工作为我将想法转化为现实奠定了基础。

还要感谢我的同事，或者更确切地说，我在麻省理工学院社区创新者实验室和感知研究院的家人们。正是因为有他们所做的工作才有了本书。他们的努力也让我能够摆脱日常琐事，专心写作。感谢麻省理工学院剑桥办公室的安东尼奥·莫亚·拉托雷（Antonio Moya Latorre）、吉利恩·克朗伯格（Jillian Kronberg）、胡安·孔斯塔因·拉莫斯（Juan Constain Ramos）、谢伊·里韦拉（Shey Rivera）和塔伊纳·S. 麦克菲尔德（Taina S. McField）。我在纽约和哥伦比亚期间也接受了很多帮助，感谢阿利·布赖森（Aly Bryson）、凯瑟琳·吉尔（Katherine Gill）、凯瑟琳·梅拉（Katherine Mella）、玛吉·蒂什曼（Maggie Tishman）、米拉迪·加尔塞斯（Milady Garces）、纳塔利娅·莫斯克拉（Natalia Mosquera）、尼克·沙坦（Nick Shatan）和约尔曼·努涅斯（Yorman Nuñez）。

感谢在写作时为凯特琳（Katrin）出谋划策的感知研究院团队成员：安杰拉·巴尔迪尼（Angela Baldini）、贝姬·比尔（Becky

Buell）、弗洛伦蒂娜·巴杰拉克塔里（Florentina Bajraktari）、贾尼丝·斯帕达福（Janice Spadafore）以及凯尔维·伯德（Kelvy Bird）。还要特别感谢凯尔维·伯德设计了本书中的表格。感谢感知研究院在世界各地令人佩服的工作人员，他们每天都在努力改善当地人的生活，其中包括亚当·尤克尔松（Adam Yukelson）、阿姬·卡伦古·班达（Aggie Kalungu Banda）、安托瓦内特·K（Antoinette K）、克拉茨基（Klatzky）、荒和田敏（Arawana Hayashi）、卡门·沙克拉（Carmen Chacra）、伊娃·波默罗伊（Eva Pomeroy）、李珮玉（Jayce Pei Yu Lee）、朱莉·安思（Julie Arts）、凯蒂·斯塔布利（Katie Stubley）、莉莉·徐（Lily Xu）、玛丽安·古德曼（Marian Goodman）、梅塞德斯·比达特（Mercedes Bidart）、奥拉夫·巴尔迪尼（Olaf Baldini）、拉赫尔·亨奇（Rachel Hentsch）、萨里娜·布惠斯（Sarina Bouwhuis）以及西蒙·弗兰森（Simon Fransen）。

感谢世界各地正在进行金融创新的银行。特别感谢加入全球价值观银行联盟（GABV）的各家银行。感谢那些毕生致力于展示不同形式银行业务潜力的银行家们，他们的才思泉涌为本书提供了采访素材：法兹勒·哈桑·阿比德（Fazle Hasan Abed）爵士、胡安·巴勃罗·梅扎（Juan Pablo Mezza）、马丁·罗纳（Martin Rohner）、玛丽·霍顿（Mary Houghton）、彼得·布洛姆（Peter Blom）、沙默兰·阿比德（Shameran Abed）、塔玛拉·弗鲁曼（Tamara Vrooman）以及托马斯·约伯格（Thomas Jorberg）。

特别感谢马丁·卡伦古·班达（Martin Kalungu Banda）和索尼娅·莱因哈德（Sonia Reinhard）共同主持全球价值观银行联盟领导力学院，支持我向价值观导向型银行家提供学习空间的愿景。我非常喜欢与他们一起工作，从他们身上获益良多。感谢埃尔斯·韦尔哈根（Els Verhagen），他不仅是一位重要的伙伴，帮助我尝试将公平银行业理念应用于日常运作，而且不厌其烦地支持我的研究，我在书中提出的许多概念正是受到了他的启发。

感谢学生团队成员：艾丽斯·马乔（Alice Maggio）、拉斐特·克鲁斯（Lafayette Cruise）和佐耶·阿克曼（Zoë Ackerman）。他们很了不起，他们改变未来社会的决心让我对未来充满信心。感谢所有为麻省理工学院 edX 在线课程和本书部分案例研究而接受采访的人士。最后，我要感谢贾森·斯派塞（Jason Spicer）对本书前期准备工作的支持和贡献。

感谢全球价值观银行联盟领导力学院的所有参与者。他们是我写作的灵感源泉，也是我完成本书写作的动因！感谢全球价值观银行联盟的人类发展轨迹（Human Development Track）项目成员，他们每天都在针对使命导向型组织的实践进行创新。特别感谢雅尼娜·扎伊奇（Janina Zajic）、罗伯特·法默（Robert Farmer）和弗洛伦斯·马维杰（Florence Maweijje）持续的支持和杰出的工作。同时我也非常感谢全球价值观银行联盟秘书处的每一位成员。

我还要感谢出色的编辑珍妮特·莫厄里（Janet Mowery），她为本书的编写付出良多。还要感谢麻省理工学院出版社的埃米莉·泰伯（Emily Taber）邀约我们编写本书。

我要感谢加布里埃尔·卢茨（Gabriel Lutz）、马丁·布茨拉夫（Martin Butzlaff）、克斯廷（Kerstin）和克里斯蒂安·冯·普勒森（Christian von Plessen）以及布里塔·伦德斯（Britta Lenders），感

谢他们一直以来的支持以及适时的鞭策。感谢汉娜（Hannah）和约翰（Johan）振奋人心的评论，支持了我的写作。

最后但同样重要的是，感谢奥托对前几版手稿提出意见，激发了我的新思维，让手稿得以完成。

凯特琳（Katrin）

马萨诸塞州剑桥市，2020 年 1 月

我要感谢我的父母劳里（Laurie）和维恩（Vin），以及我的妹妹埃琳娜（Elena），他们的支持对我来说意义重大。

莉莲（Lillian）

加利福尼亚州奥克兰，2020 年 1 月